Dorothee Sölle
Ein Volk ohne Vision
geht zugrunde
(Sprüche Salomos 29, 18)

Dorothee Sölle

Ein Volk ohne Vision geht zugrunde

(Sprüche Salomos 29, 18)

Anmerkungen zur deutschen Gegenwart
und zur nationalen Identität

Peter Hammer Verlag

DIE REIHE HAMBACH
Auf dem Hintergrund von Machtblöcken und Polarisierungen
stellt sich die Frage nach kultureller und nationaler Identität neu.
Relikte von gestern oder gestaltende Kraft?
In der REIHE HAMBACH sollen Arbeiten erscheinen, die sich ei-
ner freiheitlichen Tradition verbunden fühlen und die anknüpfen
an einen weltoffenen Patriotismus, wie er auf dem historischen
Hambacher Fest wirksam war.
Die Reihe will Impulse geben, Positionen klären, Grenzen abbau-
en, Dialoge in Gang setzen.

Die REIHE HAMBACH
wird herausgegeben von Dieter Eich, Karl Ludolf Hübener, Ursu-
la Junk, Jürgen Reulecke und Hermann Schulz

© Peter Hammer Verlag GmbH, Wuppertal 1986
Alle Rechte ausdrücklich vorbehalten
Umschlaggrafik: Isi Ader-Kohmann, Aquarell Hambacher Schloß
Umschlaggestaltung: Klaus Quickert, Lünen
Gesamtherstellung: Satz und Druck Contzen, Lünen

CIP-Kurztitelaufnahme der Deutschen Bibliothek:

Sölle, Dorothee:
Ein Volk ohne Vision geht zugrunde: (Sprüche Salomos 29, 18);
Anm. zur deutschen Gegenwart u. zur nationalen Identität/
Dorothee Sölle. – 2. Aufl. – Wuppertal: Hammer, 1987.
(Reihe Hambach)
ISBN 3-87294-305-7

WIDMUNG

Siehe, ich habe dir geboten
daß du getrost und unentwegt seist.
Laß dir nicht grauen
und entsetze dich nicht.
Denn der Herr, dein Gott ist mit dir
auf allen deinen Wegen.
  Josua 1,9

Für meinen Enkel Miguel Kori,
der ein Jahr alt wurde
am Tag des vorläufigen Endes
dieses Buches

INHALT

1. VISION

„Ein Volk ohne Vision geht zugrunde;
wohl dem, der das Gesetz hält."
Sprüche Salomos 29, 18

„Ein Volk ohne Vision . . .", ich erinnere mich, wie dieser biblische Ausdruck aus der neuen englischen Bibelübersetzung mich eines Tages traf und zum Nachdenken verlockte. Der Begriff ‚Vision' war mir aus dem deutschen Sprachgebrauch eher fremd; als mich in USA jemand fragte, was denn meine Vision sei, geriet ich ins Stottern. Langsam lernte ich, daß dieses Wort in Nordamerika zum großen Erbe der Befreiungsgeschichte gehört. Die Vision eines anderen Landes war die Antwort auf die geopolitische, konfessionelle und feudalstaatliche Enge und Abhängigkeit des alten Europa. ‚Vision' hat mit Freiheit zu tun, ist Vorstellung von größerer Freiheit als der jetzt gegebenen. Visionen sind Bilder „von einem Land, in dem es leichter wäre, gut zu sein", wie eine große pazifistische Visionärin unseres Jahrhunderts, Dorothy Day, Mitbegründerin des *Catholic Worker,** zu sagen pflegte.

Ich erinnere mich, wie ich eines Tages in Manhattan vor einem großen öffentlichen Gebäude stand und die Inschrift entzifferte: *Enlightenment*

---

* Vgl. D. Sölle, Die Radikalität des Evangeliums: Dorothy Day, in: Sölle, Fürchte dich nicht, der Widerstand wächst, Zürich (pendo) 1982, 127 ff.

Faith Vision. Aufklärung, Glaube, Vision — diese Trias war mir in Europa noch nicht begegnet. In meinem Land stritten sich Aufklärung und Glaube wie Lessing und der Hauptpastor Goeze, und eine Vision, die aus beiden fließt, schien erst recht unvorstellbar. Das Wort selber schien mir eine Nummer zu anmaßend, es mochte für Visionäre, für Enthusiasten und Seher gut sein, aber zu meinem aktiven Wortschatz gehörte es noch lange nicht. Der Begriff mußte erst demokratisiert werden, und genau das ist meine Absicht im vorliegenden Buch. Vielleicht bin ich indessen etwas tiefer in die genannte Trias hineingewachsen und kann darum mein Nachdenken über die möglichen Visionen meines Volkes beginnen mit einer großen Dankbarkeit den besten nordamerikanischen Traditionen gegenüber. Es waren nordamerikanische Freunde — zu denen ich auch die Toten von der aufständischen Sklavin Sojourner Truth bis zu Martin Luther King, von Thomas Jefferson bis zu Henry David Thoreau rechnen will, die mich lehrten, die Vision eines Menschen mindestens so ernst zu nehmen wie seine gegenwärtige Realität. Auch meine eigene Vision! Gerade weil ich in den letzten zehn Jahren so viel von diesen transatlantischen Freunden gelernt habe, kann ich die Vision für mein Volk, die sich in Unterwürfigkeit und Nachbetung der heute gültigen gesellschaftlichen Ideale der Vereinigten Staaten erschöpft, nur verwerfen. Ironischerweise ist es gerade die Dankbarkeit gegenüber den befreienden Traditionen dieses großen Landes, die heute zum Bruch mit ihrem Weltmodell anleitet.

„Ein Volk ohne Vision geht zugrunde" heißt es in der Bibel. In der lutherschen Übersetzung klingt es etwas anders: „Wo keine Weissagung ist, wird das Volk wild und wüst; wohl aber dem, der das Gesetz handhabt." Martin Buber übersetzt die „Vision" mit „Schauung". Die dem König Salomo zugeschriebenen „Sprüche" sind ein Buch aus der Weisheitstradition Israels, zu der neben einigen nicht-kanonischen Schriften auch die Bücher Hiob und der Prediger gehören. ‚Weisheit' meint weder Wissenschaft noch Kontemplation, sondern praktische, erfahrungsgesättigte Lebensklugheit und Frömmigkeit, die sich oft in Sprichwörtern ausdrückt. Die Form dieser Sprüche ist zweigliedrig, einem Distichon vergleichbar: die beiden Glieder haben gleiche Länge und bringen häufig einen Gegensatz zum Ausdruck.

„Wenn es an Offenbarung fehlt, verwildert das Volk, aber wohl dem, der das Gesetz beachtet."

Mit „Offenbarung", „Vision", „Weissagung" oder „Schauung" ist hier die Stimme der Propheten gemeint, die zusammen mit dem „Gesetz" den damals vorhandenen Kanon der hebräischen Bibel bildeten. „Vision" und „Gesetz" sind also nicht als Gegensätze zu verstehen, in denen sich Yogis und Kommissare verständnislos gegenüberstehen, und die eine Gruppe die visionäre Traumwelt und die andere die reale Machbarkeit repräsentieren.

Vision und Tora gehören vielmehr in der Bibel zusammen. Martin Buber hat immer wieder darauf hingewiesen, daß die Übersetzung „Gesetz" für die jüdische Tora eine Verfälschung darstellt, eine Unterwerfung des hebräischen Denkens unter griechische Normen und Begriffe. „Tora" bedeutet in der hebräischen Bibel mehr als objektiv gewordenes Gesetz, mehr als juristische Verfassung oder Regelsammlung. Tora heißt Weisung, Anweisung, Hinweisung, Unterweisung, Belehrung; der sie gibt, Gott, ist nicht Gesetzgeber, sondern Lehrer. „Deine Augen werden deinen Lehrer sehen", heißt es bei Jesaja (30, 20) zum Volk hin gesprochen. Und der Psalmist bittet: „Lehre mich deine Pfade" (Psalm 27, 11). In diesem Sinn ergänzen sich Gesetz und Vision; die Anweisung zum gerechten Leben wird in den Bildern des wahren Lebens erneuert und erinnert. Beide Grundbegriffe sind streng auf die Praxis bezogen. Die Vision ist handlungsorientiert und nicht eine selige Schau der Ewigkeit.

Ich will in einem späteren Kapitel dieses Buches auf die Unterscheidung zwischen verschiedenen Visionen eingehen und Kriterien zu geben versuchen, nach denen wir sie beurteilen können. Hier geht es mir zunächst darum, die Notwendigkeit der Vision zu klären, für den Einzelnen wie für das Gemeinwesen. Wenn wir glauben, ohne Vision leben zu können, so willigen wir in eine lebensgefährliche spirituelle Verarmung ein. Kierkegaard hat einmal von den „niederträchtigen Nachstellungen der Mittelmäßigkeit" gesprochen, und zu dieser selbstzufriedenen, gefahrenblinden und schmerzunsensiblen Mittelmäßigkeit gehört es zu glauben, Visionen seien überflüssig, Pragmatismus reiche aus.

Welcher Pragmatismus denn eigentlich, möchte ich mit den Indianern der großen Prärie fragen, der der Maus? Sie nennen diese Art von Perspektivlosigkeit die „Sicht der Maus". Sie haben eine Philosophie der Ganzheit entwickelt, die sich im großen Medizinrad darstellt*. Darin sind den vier Himmelsrichtungen vier Farben, vier Tiere und die vier großen Kräfte in den Menschen zugeordnet. Um ein ganzer Mensch zu werden, müssen wir lernen, in alle vier Richtungen zu gehen: zum Norden, dessen heiliges Tier der Büffel ist, der Weisheit verkörpert; zum Süden, der durch die Maus dargestellt wird, die Vertrauen und Unschuld auszeichnet; zum Westen, der unter dem Zeichen des Bären den Blick nach innen lenkt, und nach Osten, der vom Zeichen des Adlers bestimmt wird; er symbolisiert die Erleuchtung, in der wir die Dinge klar und von weither erkennen.

Ich befürchte, daß bei uns die Perspektive der Maus den Alltag vieler Menschen beherrscht, vor allem vieler Frauen, die sich in eine mäusische Existenz haben einsperren lassen; Nähe zu allem

* Vgl. Hyemeyohsts Storm, Seven Arrows, Ballantine Books, New York 1972.
D. Sölle, Wir sind ein Teil der Erde und sie ist ein Teil von uns, Religiöse Erfahrungen, Mythen, Geschichten von Indianern, in: Bahr u. a., Franziskus in Gorleben. Protest für die Schöpfung. Fischer alternativ, 1981

und Intimität sind die positiven Seiten dieser „Gabe des Südens". Aber die Maus ist zu nahe am Boden und zu kurzsichtig, um irgend etwas zu bemerken, das sie nicht mit ihrem Schnurrbart berühren kann. Ein Mensch, der sich ausschließlich in Richtung der Maus voranbewegt – und den großen Kreis des Medizinrads aus den Augen verliert, trennt sich von der Weisheit des Büffels, der Erleuchtung des Adlers und dem Blick nach innen, den der Bär uns lehren kann. Ungetrennt, in alle vier Himmelsrichtungen zu wachsen, sich auf den Weg zu machen und die Harmonie des großen Medizinrades zu erfüllen – das ist das Dasein des ganzen Menschen, der die vier Großen Wege gegangen ist. Dazu gehört auch die Vision.

Schon in persönlichen Beziehungen verfehlen wir einander, wenn wir die Vision des anderen Menschen nicht kennen oder wenn wir glauben, auf diese Kenntnis verzichten zu können. Wir wissen zu wenig voneinander, wenn wir die Vision des Lebens, die uns trägt, nicht miteinander teilen. Wir brauchen Bilder: der Häuser und Städte, in denen wir leben könnten, der Arbeit und der Beziehungen der Menschen untereinander. Wenn wir nicht mehr gemeinsam zu träumen wagen, unsere Wünsche isolieren und verschämt verstecken, so leben wir in einer uns erstickenden Dumpfheit. Es ist, als hätten wir darauf verzichtet, den Engel, der hinter einem Menschen steht, kennenzulernen; als wäre unsere Gleichgültigkeit so groß, daß wir uns mit der Außenansicht bloßer Gegenwart begnügen könnten. Einen Menschen lieben heißt immer auch, die Vision des anderen zu spüren. Die Gemeinsamkeit der Liebe ist auch und wesentlich: geteilte Vision.

Sheila erzählt mir daß sie
am ostersonntag mal wieder zur kirche ging
sie wollte wissen denk ich mir
ob wir gründe haben
an auferstehung zu glauben
aus dem tod in dem wir jetzt sind

Ihre methode war einfach
sie las keinen alten text vor
sie paßte nicht sonderlich auf
sie fragte die teilnehmer einfach
wie denn die andere welt aussehen soll

Das schlimme sagt Sheila war nicht das lange schweigen
man hat den leuten das reden so lange verboten
das schreckliche war was dann kam
an liebe und solchem gerede
da war keine vision sagt sheila
sie hatten nichts konkretes zu wünschen

Meinst du nicht werfe ich ein
daß es nur ein sprachproblem war
aber das ist es doch sagt sie bestürzt
ohne vision das volk gottes ohne sprache

Und wenn mich etwas tröstet
in diesem gespräch nach ostern
und vor der ausgießung des geistes
dann war es die trauer in sheilas stimme
*und der schmerz in ihren augen**

---

* Aus: D. Sölle, Spiel doch von brot und rosen. Gedichte, Berlin 1981

Wieviel mehr gilt es für Gruppen von Menschen, für unsere kommunale Existenz, daß wir Visionen brauchen. Wie wenig kann eine Gruppe, eine Gemeinde, ein Land auf langfristige, übergreifende Perspektiven verzichten! Wie eng hängen Verwurzelung im Miteinander des gemeinsamen Raums und geteilte Vision zusammen! Ich will ein Beispiel geben: Bei einem Besuch in der DDR traf ich einen christlichen Gesprächskreis zum Thema Frieden. Eine Frau eröffnete das Gespräch mit der Bemerkung: „Wir, die wir uns entschieden haben, hier zu leben, hier zu bleiben . . ." Damit setzte sie einen Ton des Ernstes, der Verbindlichkeit, eine Art Rahmen für die mögliche Vision. Vielleicht wollte sie sich auch abgrenzen von denen im selben Raum, die diese Entscheidung nicht, oder nicht in der gleichen Klarheit, vollzogen hatten. Mag sein, daß sie sich selber einen Riegel vorschieben wollte. Für mich als Besucherin war durch diese Einleitung das Mit-teilen der Vision einer friedlichen Welt eröffnet und zugleich etwas ausgesprochen, das ich vorher schon gefühlt, aber nicht klar zu denken gewagt hatte: daß nämlich zur Vision eine Verwurzelung gehört, ein Nicht-abhauen-Können, ein Da-Bleiben. Bürger der DDR z. B., die einen Ausreiseantrag in den Westen gestellt haben, haben sich des inneren Rechts begeben, unabhängige und regierungskritische Friedensarbeit zu leisten — so jedenfalls wird es von denen, die dableiben wollen, gesehen. Aber auch in unserem Land ist das Bleibenwollen, die Zugehörigkeit wichtig und der Aussteigewunsch, der vielen von uns oft naheliegt, stört die Vision und die Arbeit an ihr.

Vielleicht sollte ich in diesem Zusammenhang die größte Vision, die ich kenne und ohne die mir jede andere zu klein wäre, nennen: Jesus hat sie „Reich Gottes" genannt. Diese Königsherrschaft Gottes ist inwendig „in uns" (Lukas 17, 21) und soll doch erst werden – sie ist schon sichtbar, wo immer die Beziehungen und Verhältnisse auf Gerechtigkeit und Liebe gegründet sind, und zugleich verborgen und ohnmächtig wie der Frieden, den wir suchen.

Seit dem Beginn der achtziger Jahre drängt sich mir immer unabweislicher ein Begriff auf, der die Todessucht und den Tötungswunsch der reichen Industriegesellschaft ausspricht, mein Gefühl sagt mir: Wir leben im Krieg, schon jetzt. Vielleicht haben wir alle vier Himmelsrichtungen verloren, schon jetzt! Täglich rotten wir eines unserer Mitgeschöpfe, eine Pflanzen- oder Tierart aus in diesem Krieg gegen die natürlichen Lebensgrundlagen. Täglich sterben mindestens 40 000 Menschen an Hunger in dem Wirtschaftskrieg zwischen den Reichen und den Armen. Und täglich perfektionieren wir den Krieg gegen uns selber, indem wir unser Geld, unsere Rohstoffe und Intelligenz dazu benutzen, Krieg vorzubereiten. Dabei wird nicht nur der Weltraum militarisiert, sondern auch der Innenraum der Seele wird zu einem Land, das von Droh- und Gewaltpotentialen besetzt ist.

Gerechtigkeit, Frieden und die Bewahrung der Schöpfung werden von der ökumenischen Bewegung der Christen als „konziliarer Prozeß" gegen diesen Krieg aufgeboten, aber die Kriegskräfte sind mit ungeheurer technologischer Macht ausgerüstet, vor allem, weil sie die wichtigste Produktivkraft, die unser Leben bestimmt, die Wissenschaft, in ihren Dienst gezogen haben. Wenn, wie in den Vereinigten Staaten 51 % der Wissenschaftler und Ingenieure „military related", d. h. im Interesse des Todes arbeiten, dann kann die Versöhnung mit der Natur, die Besiegung des Hungers und der Friede, der nicht auf Militärgewalt beruht, nur schwerlich das Ziel dieser Machteliten sein. Es mag manchem übertrieben klingen, wenn ich mein Lebensgefühl als „im Krieg" gegen die Schöpfung, gegen die Armen und gegen uns selber artikuliere; es ist aber nichts anderes, als was die christliche Tradition seit alters ausdrückt und zwar mit einem ihrer, heute kaum verständlichen, zentralen Begriffe: dem der Sünde.

Paulus benutzt diesen Begriff „Sünde", der im Römerbrief allein 48 mal auftaucht, nicht so sehr, um faktisches sündiges Tun zu bezeichnen; er denkt vielmehr einen viel umfassenderen Sachverhalt der Herrschaftsverhältnisse, unter denen die Menschen leben*. Der Tod ist eine Macht, die schon während des Lebens regiert, der die Men-

---

* Vgl. zum Folgenden: Luise Schottroff, Die Schreckensherrschaft der Sünde und die Befreiung durch Christus nach dem Römerbrief des Paulus, in: Evangelische Theologie November/Dezember 1979.

schen in seine Gewalt bringt und benutzt. Diese Weltmacht des Todes, die uns vom Ursprung des Lebens trennt, nennt Paulus „Sünde". Sie beherrscht die Welt — wie der Herr seine Sklaven, wie ein Dämon die Besessenen, sie hält die Menschen als Gefangene fest (Römer 7, 23). Sie erscheint als eine Kriegsherrin, die den Menschen ihren „Sold" auszahlt (Römer 6, 23), deren Waffe der Mensch ist (Römer 6, 13) und deren weltweites Instrument der Beherrschung der Tod ist (Römer 5, 21). Es ist allen Menschen deutlich, daß Gottes Wille Gerechtigkeit, Frieden und die Bewahrung der Schöpfung ist, aber die Todesstruktur, die Paulus Herrschaft der Sünde nennt, versklavt die Menschen so, daß sie beim Versuch, nach dem Willen Gottes zu leben, scheitern. Diese Kriegsherrin ist nämlich zugleich die Gesetzgeberin dieser Welt (Römer 7, 23), die nach ihren eigenen Sachzwängen auf den Tod hin geordnet wird.

Paulus hat sich die Weltherrschaft der Sünde in den Dimensionen des Imperium Romanum vorgestellt. Dieses Imperium bedeutete für die Mehrheit der damals lebenden Menschen brutale Herrschaft: wirtschaftliche Ausplünderung und politische Unterdrückung. Das Imperium Romanum hatte zwei Herrschaftsinstrumente entwickelt: Einmal sein Recht, das *jus romanum*, das die Eigentumsbedingungen, Handelspreise, Unterwerfung anderer Völker und die Sklaverei regelte, zum andern sein Militärwesen, das unter dem Titel *pax romana* die Stabilität der Herrschaft garantierte.

Wenn Paulus und die urchristliche Gemeinde das Wesen dieser Rechts- und Militärordnung als Sünde begreifen, die die Menschen so verknechtet, daß sie Gott nicht entsprechen können, so gibt das einen Hinweis auf die heutige Erfahrung von Christen und Nachchristen, die wie ich den Krieg als die alles beherrschende, alles vergiftende Realität erfahren. Andere Wörter für diese Realität sind: organisierte Friedlosigkeit; Wahnsinn; Projekt des Todes; Antiquiertheit des Menschen und viele andere mehr. Und so, wie Paulus die Macht der Sünde erst erkennen und benennen konnte von einem Punkt der inneren Freiheit aus, der in der Bibel „Glauben" genannt wird, so ist auch unsere heutige Todeserfahrung und Erkenntnis des Krieges, in dem wir gegen alles leben, nur möglich aus einer anderen Kraft, die uns zum Widerstand befähigt. Ohne Vision gehen wir in der Tat zugrunde, werden wir „wild und wüst", willigen wir bewußtlos ein in das Projekt des über uns herrschenden Todes, das sich selbstredend wie jene römische imperiale Ordnung gern mit anderen Wörtern drapiert: Die geglückte Unterwerfung nannten die Römer „Befriedung", das Weltsystem der wirtschaftlichen Ausplünderung der armen Völker mit Hilfe des Militärapparats trug den schönen Namen *pax romana*. Auch bei uns wird der Krieg „Verteidigung" genannt, der Staatsterror „Ordnung", das Ziel der Weltherrschaft „Sicherheit", die erpreßte Einwilligung „Demokratie". Das unterworfene, visionslose Volk, das die Bibel so realistisch „wild und wüst", das bedeutet aggressiv nach außen und leer nach innen, nennt, gilt als ein geordnetes, friedliches, „normales" Volk.

Dabei genügte schon ein kleiner historischer Rückblick, um an eine Vision zu erinnern, die für eine kurze Zeit nicht nur die Sache der Wenigen, der bewußten Minderheiten war, sondern allgemeines Gut eines geschlagenen Volkes, das das größte Unglück seiner Geschichte als selbstverschuldet und teuer bezahlt begriff. Ich denke an die Jahre zwischen 1944 und 1947, eine Zeit, die in der Kapitulation vom 8. Mai 1945 kulminierte. Damals hat es in Deutschland-Ost und -West eine Art Vision gegeben. Es haben damals Millionen Menschen in der Tiefe ihres Herzens geglaubt: Nie wieder! Nie wieder das! Nie wieder Krieg! Selbst ein Mann wie F. J. Strauß hat erklärt, daß ihm der rechte Arm abfallen solle, falls er nochmals ein Gewehr anfasse. Es gab da einen ganz breiten Konsens unter den Menschen, der sich ausdrückte in der Überzeugung: Nie wieder das! Da war eine Vision, die sicher nicht klar genug war, die sich weithin nur negativ bestimmt hat, weil die Ursachen nicht reflektiert waren. Nur eine bewußte Minderheit sprach die Ursache des Unglücks mit an und fügte zum „Nie wieder Krieg!" das „Nie wieder Faschismus!" hinzu.

Trotzdem gab es eine Gemeinsamkeit der Stunde Null, die freilich allzu bald verschwinden sollte. Man kann das Adenauerregime und die Wiederbewaffnung Westdeutschlands als den Verlust dieser Vision beschreiben. Das Erstgeburtsrecht dieser aus Scham und Entsetzen entstandenen Vision wurde eingetauscht gegen die Linsensuppe des Wirtschaftswunders. Westdeutschland wurde mit dem Marshallplan aufgepäppelt und entwickelte sich wirtschaftlich in kurzer Zeit glanzvoll und mächtig. Der Preis für dieses Wunder war die Integration in das westliche Militärbündnis und die Remilitarisierung erst West- und dann Ost-Deutschlands.

Heute wird immer deutlicher, daß Adenauer die Wiedervereinigung in den Jahren 1952–53 nicht gewollt hat. Diejenigen, die meinten, daß durchaus Möglichkeiten bestünden, mit der Sowjetunion zu einem Ausgleich zu kommen, wurden mundtot gemacht. Die Westintegration der Bundesrepublik wurde gegen die Warnungen von Fachleuten durchgesetzt. Eine Denkschrift zur Ostpolitik aus dem Jahre 1953, die von Meyer von Achenbach im Auftrag von Adenauers Staatssekretär Hallstein verfaßt wurde, versuchte die andere Vision eines souveränen, wiedervereinigten und neutralisierten Deutschlands mit nationalen Streitkräften zu entwickeln.* Dieser Versuch stand in schroffem Gegensatz zu den Leitlinien der Adenauerschen Politik. Dem Verfasser wurde untersagt, Dritten Kenntnis vom Inhalt der Denkschrift zu geben!

---

* Richard Meyer von Achenbach, Gedanken über eine konstruktive deutsche Ostpolitik. Eine unterdrückte Denkschrift aus dem Jahr 1953, Julius H. Schoeps, 1986

Die Vision von einem neutralisierten Land geriet, von Minderheiten abgesehen, in Vergessenheit. Erst als die westliche Führungsmacht mit dem Beginn der 80er Jahre eine neue Eskalation des Wahnsinns propagierte, um ihre Erstschlagsfähigkeit und militärische Überlegenheit endgültig wiederherzustellen, erwachten einige der alten Fragen aufs Neue. Mit der neuen Angst, daß unser Land als das Schlachtfeld einer neuen Kriegsführung, die von Anfang an atomare und chemische Waffen in ihre „Vorwärtsverteidigung" integriert, verplant ist, erinnerten sich mehr und mehr Menschen in Westdeutschland auch der alten Vision vom „Nie wieder Krieg!". Langsam nimmt diese Vision konkretere Gestalt an: Ein friedlich im Herzen Europas liegendes, sich entmilitarisierendes westliches Deutschland, das nicht ständig auf aggressives Wirtschaftswachstum setzt und das sich zunehmend weniger an der Ausbeutung der Dritten Welt beteiligt. Daß der ökopazifistische Gedanke in Westdeutschland Fuß fassen konnte, nicht aber bei unseren Nachbarn jenseits des Rheins, hat gute historische Gründe; die Vision des „Nie wieder!" ist bei uns mit Schuld und Scham verbunden, gänzlich anders als in Frankreich. Eine tragfähige Vision, die eines Tages Mehrheiten auf ihrer Seite haben wird, muß Wurzeln in der Geschichte haben und an die Erinnerung der Menschen anknüpfen können.

Ich glaube aber, daß wir über die historisch vermittelte Vision noch eine andere, bis zu den Anfängen des Menschengeschlechts zurückgehende Vision von einem Frieden, der sich auf Gerechtigkeit, nicht auf Militärgewalt gründet, brauchen. Unsere Visionen brauchen Nahrung; in einer Hungerzeit lebend, können wir es uns gar nicht leisten, die ältesten Visionen der Menschheit zu vergessen.

Die Wölfe werden bei den Lämmern wohnen
und die Panther bei den Böcken liegen.
Kalb und Löwenjunges fressen zusammen
ein kleiner Knabe treibt sie aus.
Kuh und Bärin befreunden sich
daß ihre Jungen beieinander liegen
und Löwen werden Stroh essen
wie die Ochsen.
Und ein Säugling wird seine Lust haben
am Loch der Otter
und das kleine Kind steckt die Finger
in die Höhle des Basilisken.
Kein Unrecht geschieht mehr
nicht länger wird Schaden gestiftet
auf meinem ganzen heiligen Berge
denn das Land ist voll Erkenntnis des Herrn
wie Wasser das Meer bedeckt.
Jesaja 11, 6–9

2. VOLK

Du Land der Liebe! Bin ich der deine schon
Oft zürnt ich weinend, daß du immer
Blöde die eigene Seele leugnest.
Hölderlin, Gesang des Deutschen

Die Bibel spricht mit Selbstverständlichkeit von
dem „Volk", das ohne Vision zugrunde geht; diese
Selbstverständlichkeit ist uns Deutschen in diesem Jahrhundert gründlich abhanden gekommen.
Nach der deutschen Katastrophe schien nicht nur
der Nationalismus mit all seinen rassistisch-
patriarchalen Untertönen, seiner dümmlichen
Selbstbeweihräucherung, seiner Arroganz und Ignoranz zu Ende, sondern auch jede Form von Na-
tionalgefühl, vom Bewußtsein, Teil eines Ganzen
zu sein, das wir Nation nennen. Die Frage der nationalen Identität schien gänzlich veraltet, nebensächlich für eine mit *inter-rail* durch Westeuropa
fahrende Jugend und ihre Kultur, die in fast allen
Bereichen, von der Küche bis zur Musik, mehr international als national geprägt ist. Der Konsumis-
mus, wie Giovanni Paolo Pasolini ihn beschrieb,
schien mit jeder Form nationaler Identität, auch in
Italien z. B., aufgeräumt zu haben.

Mit Beginn der 80er Jahre hat sich das geändert.
Westdeutsche nahmen plötzlich wahr, daß sie in
einem „besetzten Land" leben, ein Faktum, das
lange Zeit gar nicht aufgefallen war. Aber wenn

auch die dienstwillige städtische Behörde ohnmächtig zusehen muß, wie das Naherholungsge-
biet zum Truppenübungsplatz gemacht wird,
wenn der Kreisdirektor eines Bezirks nicht her-
ausfinden kann, was eigentlich an chemischen
Waffen in der Heimaterde lagert, wenn der Lärm
der übenden Militärflugzeuge die kleinen Kinder
aufschreien läßt, dann werden lang verdrängte
Fragen nach der nationalen Souveränität wieder
wach.* Sind wir ein besetztes Land? Eine Militärkolonie der Amerikaner? Welche Rechte haben
wir eigentlich? Wieviel Selbstbestimmung gibt es
in einem Land ohne Friedensvertrag? Sind wir
nicht – trotz viel beschworener Freiheit – genauso
abhängig von unserer Supermacht wie das andere
Deutschland im Osten? Mit der neuen Eskalation
des Wahnsinns verschärfen sich auch die Fragen
danach, was „Volk" eigentlich bedeutet.

Traditionell hat die kritische Minderheit der
Linken auf diese Frage keine zureichende Antwort
gehabt. Nation, Vaterland, Heimat waren peinli-
che Wörter, die man lieber vermieden hat, im
westlichen Nachkriegsdeutschland zumal. In den
Vereinigten Staaten gibt es heute eine interessante
selbstkritische Diskussion, in der Leute aus den
großen Friedens- und Bürgerrechtsbewegungen
sich fragen, warum die politische Linke innerhalb

---

* Durch die ca. 110 000 Tiefflüge der Bundeswehr sind vorwiegend Klein-
kinder und ältere Mitbürger gesundheitlich beeinträchtigt. Vgl. Militari-
sierungsatlas der Bundesrepublik – Streitkräfte, Waffen und Standorte,
Kosten und Risiken, Herausg. Alfred Mechtersheimer und Peter Barth,
Sammlung Luchterhand 1986.

der USA und ihre demokratischen Möglichkeiten derartig schwach und ohnmächtig ist. Gibt es nicht genug Protest, der sich an vielen einzelnen Themen wie Rassismus, Militarismus und ökologischen Fragen entzündet und – punktuell, als Einzelanliegen – auch von kritischen Bürgerbewegungen aufgenommen wird? Ich erinnere nur an die Friedensdemonstration 1982 im Central Park in New York, bei der immerhin über eine Million Menschen den Ausstieg aus dem Karussell des Wahnsinns forderten.

Eine Antwort auf diese Frage nach der Schwäche der Linken ist die These, daß wesentliche Werte und grundlegende Lebenseinstellungen innerhalb der marxistischen und neomarxistischen Gesellschaftsanalyse nicht artikuliert worden sind, sondern abgeleugnet oder verschwiegen wurden. Vor allem drei zentrale Werte wurden gründlich vernachlässigt: die Familie, die Nation und die Religion. *Family, flag and religion* wurde den Rechten überlassen und von ihnen besetzt. Als seien diese Themen von vornherein einer kritischen Analyse unwürdig, als seien die mit ihnen verbundenen Gefühle irrational und gefährlich, als habe ein aufgeklärter vernünftiger Mann (sic!) sowieso nichts mit den genannten Realitäten zu tun! Der orthodoxe Marxismus hat nicht viel zu diesen Themen beizutragen gewußt, und die liberal-kritische Haltung vieler Intellektueller war ebenfalls zumindest desinteressiert an den Werten, die für die konservative Seite ein sicheres, unhinterfragbares

Fundament der Politik und Lebenshaltung darstellen.

Es ist aber an der Zeit, daß sich diese Blindheit auf der Seite der Linken verliert. Es genügt eben nicht, die Religion als das Opium des Volkes zu entlarven, der Familie als patriarchaler Zwangsinstitution den Abschied zu geben und das Nationalbewußtsein als Hurrapatriotismus oder gar Schlimmeres wohlverdienter Lächerlichkeit preiszugeben. Die kritisch-emanzipatorische Haltung diesen Fragen gegenüber kann nicht die Abschaffung der kritisierten Lebenszusammenhänge sein, wie Ultralinke oft meinen, sondern ihre Veränderung. Religion, Familie, Nation – die Antwort auf diese Lebenssphären kann nicht ein unproduktives, verleugnendes, supermännisches „Nein" sein, sondern ein kritisches, veränderndes, die Realität liebendes „Ja, – aber nicht diese Art von Religion, Familie und Patriotismus".

Religion: ja, aber nicht diese, die belügt und vertröstet. Es muß endlich gelernt werden zu fragen: Was sind die befreienden, was die unterdrückerischen Momente innerhalb einer historisch gegebenen religiösen Tradition? Familie: ja, das Zusammenleben mehrerer Generationen ist ein elementares menschliches Bedürfnis. Wir brauchen andere, befreiende Formen, die das Patriarchat überwinden, nicht aber die schlichte Abwehr des Problems zugunsten der Existenz vieler *singles* der Mittelklasse! Und Nation, Volk, Vaterland? Welche Bedeutung haben sie für unsere kommunale

Existenz? Ist denn der Begriff des „Volkes" mit und an Hitler endgültig gestorben?

Ich erinnere mich an eine Diskussion über den Bibelspruch, der diesem Buch zugrundeliegt, in der ein junger Mann mich fragte: „Das Volk geht zugrunde – na und?! Ist es nicht Zeit, daß das ‚Volk' zugrunde geht? Was ist denn damit verloren? Wer braucht denn ein ‚Volk'?" Diese Bermerkungen machten mich sehr betroffen. Ich konnte sie allerdings nicht als Fortschritt zu mehr Gerechtigkeit und Frieden ansehen, sondern verstand sie als eine Form des Individualismus, der sich aus der sozialen Realitität ausklinkt; in ihm wird die nationale Abhängigkeit und Würdelosigkeit, in der beide deutsche Staaten existieren, gar nicht mehr wahrgenommen. Warum soll „das Volk" zugrunde gehen, warum, wie George Kennan in der „Nach"-Rüstungsdebatte gefragt hat, wollen denn die Deutschen unbedingt Selbstmord machen? Wieviel Todestendenz steckt doch in dieser Negation historisch gewachsener Einheit!

Es gibt zwei grundverschiedene Ansätze, über die nationale Identität zu sprechen. Es gibt ein Nationalbewußtsein von oben und eins von unten. Schon das Wort „Volk" wird ja in unserer Sprache auf zwei sehr verschiedene Weisen benutzt, geopolitisch und soziopolitisch. Geopolitisch gedacht, handelt es sich um die Gemeinschaft der Bewohner einer bestimmten Fläche, eines Lebensraums, in dem die Menschen durch Geschichte, gemeinsame Sprache und Kultur verbunden sind. Soziopolitisch handelt es sich um das einfache, gewöhnliche, niedere Volk – im Gegensatz nicht zu anderen Ländern, sondern im Gegensatz zu den Mächtigen. Einmal wird die Abgrenzung sozial innerhalb des geopolitischen Raums vorgenommen, im anderen Fall geht sie ausschließlich nach außen. Es scheint mir entscheidend, beide Bedeutungen zusammenzuhalten und sie nicht voneinander zu isolieren. Vom Volk – im geopolitischen Sinn sprechend – will ich die Sehnsucht des Volkes nach Gerechtigkeit und Frieden mitartikulieren, und diese Wünsche verbinden das Volk natürlich mit anderen Rassen und Völkern. Es gibt einen „Patriotismus der Armen", wie Eduardo Galeano einmal sagte, so, wie es eine Religion der Armen gibt, die zu unterscheiden ist von dem Patriotismus und der Religion der Reichen.

Persönlich bin ich erst durch längere Aufenthalte im Ausland zu einer größeren nationalen Bewußtheit gekommen. Sie konnte sich für mich nur entwickeln an den zentralen Erfahrungen der deutschen Geschichte in diesem Jahrhundert, will sagen – über Scham und Schuld als den natürlichen Empfindungen eines deutschen Menschen meiner Generation. Ich habe z. B., in USA lebend, ein Gespür dafür entwickelt, daß Menschen, die mir bei einem öffentlichen Vortrag zuhören, mich zuerst und vor allem als Deutsche wahrnehmen, nicht als Frau, Christin, Pazifistin, sondern vor allem als Angehörige des Volkes, das ihre Anverwandten ermordet hat. Ich merkte allmählich, daß ich ohne eine innere Klarheit über diese meine Identität als Deutsche, aus der Zeit des Gases stammend, kein Vertrauen aufbauen konnte. Ich empfand immer wieder eine Notwendigkeit, Sätze mit „ich als Deutsche würde sagen . . ." anzufangen, das Verschweigen meiner Erfahrungen hätte ich als Versteckspiel und Lüge angesehen. Es gibt keinen Weg um die kollektive Verantwortlichkeit herum, auch für die Jüngeren nicht. Ich bin verantwortlich auch für das Haus, das ich nicht gebaut habe, aber bewohne. Wir leben in einem geschichtlichen Zusammenhang, wir benutzen dieselbe Sprache, die auch die Nazis benutzten; wenn ich ein unschuldiges Wort wie „Stern" in einem Gedicht benutze, so muß ich wissen, was ich tue und was andere mit diesem Wort meiner Mutter, der Sprache, getan haben. Ich denke, es ist eine Erfahrung vieler Menschen, daß man eigentlich erst im Ausland Deutsche oder Deutscher wird, d. h. sich für das eigene Volk schämen und auf das eigene Volk stolz sein lernt. Ohne diese beiden elementaren Gefühle, Scham und Stolz, bleibt das nationale Bewußtsein leer, dumpf und gerade darum gefährlich.

Was unsere Situation, die wir nach der größten geschichtlichen Katastrophe unseres Volkes leben, so anders macht als die der Franzosen z. B. ist, daß wir uns — wenn wir in einer gewissen Weise sensibilisiert sind — mit Scham und Wut so leicht tun, mit dem Stolz aber so schwer. Ich habe oft gedacht: Warum haben mich meine Eltern gerade hierher geboren, in dieses Land von Nacht und Nebel, von Offizierskasinos und ihren Witzen! Wär ich nicht viel besser dran, wenn ich Holländerin wäre oder Portugiesin? Aber das sind abstrakte, der Realität ausweichende Tagträume. Mein Land ist, wie mein Geschlecht als Frau, wie meine Körperlänge, nicht Sache meiner Wahl, und Erwachsenwerden heißt, diese Schicksalsanteile in unser Leben zu integrieren, mich als Frau anzunehmen, als klein und auch als Deutsche. Wie gern würde ich wie Hölderlin sagen können „Du Land der Liebe!" Aber bei Hamburg liegt Neuengamme und bei Weimar liegt Buchenwald. Und ich sehe doch nur, wie dieses mein Land „immer blöde . . .", will sagen: mit schwachen Augen „die eigene Seele" verleugnet.

So schämte ich mich meines Landes, als Reagan und Kohl am 8. Mai 1985 ihre falsche Versöhnung in Bitburg zelebrierten, unerträglich falsch, weil sie zwar das Andenken der Täter, nicht aber das der Opfer zu ehren wußten und weil der Hauptleidtragende, das russische Volk mit seinen 20 Millionen Hitlertoten, nicht, mit keiner Geste des Gedenkens erwähnt wurde; erst der Bundespräsident von Weizsäcker hat in diesem Zusammenhang einen anderen Ton gefunden. Angesichts dieser uns aufgehalsten Scham tue ich mich schwer, Gründe zu finden, mein Land zu lieben. Ich will sie ganz subjektiv aufzählen, um meine Arbeit der Einwurzelung in mein Volk deutlich zu machen.

Ich erinnere mich an ein Gespräch, in dem ich einigen jungen amerikanischen Studenten zu erklären versuchte, wer Hölderlin war. Plötzlich fühlte ich mich überwältigt von Dankbarkeit und Glück; der Reichtum meiner Kultur trat plötzlich aus dem Schatten der Geschichte heraus und holte mich ein. Ich wußte wieder, warum ich mein Land lieben kann und warum ich es beschützen will — vor den Verbrechen und Katastrophen, die es vorbereitet.

Ich denke auch an politische Gespräche, die mich plötzlich mit einer Art nationalem Stolz erfüllten. Ich reise seit 1975 zwischen den USA, wo ich einen Lehrauftrag habe, und Westdeutschland hin und her. In den ersten Jahren kam ich mir dabei immer wie eine Entdeckerin vor, die Literatur, Kunstwerke, Ideen, Bewegungen, alles wichtige Neue aufspürt und dann nach Hause trägt. Ich lernte, ich holte auf, ich importierte. Mit Beginn der 80er Jahre hat sich das in meiner Wahrnehmung geändert; mit einem Mal war das wichtiger, was in Europa geistig und politisch passierte. Die europäische Friedensbewegung ist z. B. eine der neuen sozialen Bewegungen, die anders als die Studentenbewegung, der Kampf gegen den Vietnamkrieg oder die feministische Bewegung ihren Ursprung im alten Europa hat und keineswegs von der am weitesten entwickelten Führungsmacht ausging. Könnte es sein, daß die Europäer und speziell die Deutschen etwas aus ihren Kriegen gelernt haben? Etwa zur gleichen Zeit empfand ich einen generellen Verfall der kulturellen Produktion in den Staaten. Die Theater am Broadway umspielten witzig die Sexualprobleme von vier oder fünf Menschen der weißen professionellen Mittelklasse, die Filme verherrlichten Gewalt und Irrationalität oder sie mythisierten die geschichtliche Realität, wie es z. B. Coppola in „Apocalypse now" (1979) mit dem Vietnamkrieg machte, die Nach-Vietnamperiode ging in der Tat zu Ende, Scham und Selbstzweifel wurden gegen eine neue Arroganz der Supermacht eingetauscht. Ich hatte also weniger Gutes mit nach Hause zu bringen und wurde von meinen amerikanischen Freunden, die in den verschiedenen Widerstandsbewegungen zu Hause sind, immer öfter, immer verzweifelter nach Hoffnungszeichen aus Europa gefragt. Die Entstehung der Grünen Partei wurde z. B. als ein solches Zeichen fast neidisch aufgenommen. „Warum geht das bei uns nicht?" fragten kritisch denkende Amerikaner, und wenn ich dann versuchte, die Tiefe des ökologischen Bewußtseins, den Umbruch vom naiven Fortschrittsglauben des Schneller-Größer-Mehr zu menschengemäßeren Formen der Technologie, der Verwaltung und der Lebensbeziehungen darzustellen, dann fühlte ich manchmal eine Art Stolz auf die Minderheiten in meinem Volk, die den Kopf nicht in den Sand steckten, auch nicht in den Konsum-Sand.

Ich fühlte mich zwar immer noch fremd im eigenen Land angesichts der auf allen Ebenen betriebenen „Wende", aber doch auch mehr zu Hause, verbunden mit den Millionen Europäern, die Anfang der 80er Jahre in einer mühseligen Aufklärungsarbeit gegen die herrschende Propaganda allen Bürgern den Wahnsinn der Kriegsvorbereitung klarmachten. Volk, Land, Nation wurden in diesem Prozeß immer wichtiger für uns; die nationale Schande einer lakaienhaften Regierung, die nichts tut, was der Herr im Weißen Haus nicht befohlen oder doch genehmigt hat, wurde immer deutlicher.

Als ich Anfang der 80er Jahre erstmalig den militärstrategischen Ausdruck von dem zu schließenden „Fenster der Verwundbarkeit" hörte, empfand ich mich des Lichtes und der Erleuchtung beraubt und schrieb ein Gedicht, in dem ich zum erstenmal nach langen Jahren den Ausdruck „mein Land" benutzte.

Das fenster der verwundbarkeit
so sagt ronald reagan
um die aufrüstung zu begründen
muß geschlossen werden

Ein fenster der verwundbarkeit
ist meine haut
ohne feuchtigkeit und ohne berührung
muß ich sterben

Das fenster der verwundbarkeit
wird zugemauert
mein land
kann nicht leben

Wir brauchen licht
um denken zu können
wir brauchen luft
um atmen zu können
wir brauchen ein fenster
zum himmel*

Auch die Landschaft sprach leise und deutlich zu mir, und wenn sie eine wichtige Dimension der Mutterlands-Liebe ist, so verband sich die Liebe sogleich mit der Sorge. „Wie schön ist es hier!" sagte ich einmal laut im Odenwald und wußte zugleich, daß wir dieses Land, die Wälder, das Wasser, die Luft beschützen müssen vor denen, die ihren Profit daraus ziehen, mein Land dem Risiko der tödlichen Verstrahlung auszusetzen.

Meine Scham und meine Liebe wuchsen miteinander, und daraus besteht mein nationales Gefühl. Es ist ja gerade meine Liebe zu denen, die meine Sprache sprechen, die in ähnlichen Häusern wohnen, deren Tote auf deutschen Friedhöfen begraben sind und die einen besonderen Kartoffelsalat machen, die mich „zürnen" macht über die furchtbare Zerstörung und Selbstzerstörung, die sich mein Volk, ohne Vision lebend, antut. Warum will ich denn, daß die Vision des Friedens und der Gerechtigkeit, die jetzt noch von einer Minderheit getragen wird, die Vision der Mehrheit wird?! Schnitte ich mich von meinem Volk ab, so könnte mir das gleichgültig sein, ich könnte aus-

* Aus: D. Sölle, Verrückt nach licht. Gedichte, Berlin 1984

36

wandern, ehe die Wiedervereinigung im Massengrab stattfindet. Liebte ich mein Land nicht, so brauchte ich mich nicht so furchtbar, so in Grund und Boden zu schämen. Zu diesem spät angeeigneten Bewußtsein der nationalen Zusammengehörigkeit kommt noch eine andere Dimension von „Volk", die ich heute für äußerst bedroht halte. Wenn ich die Wirtschaftspolitik der 80er Jahre richtig beurteile, so sehe ich sie als eine Aufkündigung der elementarsten Verantwortlichkeiten füreinander, wie eine früher „National"-Ökonomie genannte Ordnung sie darstellen sollte. Es ist eine staatlich gelenkte Aufkündigung des Solidarvertrags zwischen Jung und Alt, Krank und Gesund, Arbeitsbesitzern und Arbeitslosen im Gang. Die Regierung scheint mir heute damit beschäftigt, das *bonum commune*, das gemeinsame Wohl aller im Gemeinwesen, das, was für alle da ist und worauf alle – ohne Ansehen der Leistung – ein Recht haben, abzuschaffen. Der Zerfall in einzelne Interessengruppen ist so weit gediehen, daß ein Bewußtsein der Führungsgruppe, die Verantwortung für das Ganze trägt, obsolet geworden ist. Der Staat, dessen einzige Legitimation ja in dieser Verantwortlichkeit für das Ganze – und das heißt im wesentlichen für seine schwächsten Teile beruhen könnte –, hat sich vom Grundgedanken der Verantwortlichkeit für die Gesundheit, die Arbeitsmöglichkeit und den Frieden seiner Bürger derart weit entfernt, daß man in der Tat von der Aufkündigung des *bonum commune* sprechen kann.

Ich nehme das Wort „Staat" nicht gern in den Mund. Ich weiß, daß viele Angehörige der jungen Generation mit diesem Wort im wesentlichen Polizeiknüppel und Tränengas verbinden, nicht aber mein alteuropäisches *bonum commune!* Ich stelle mir unter gerechtem Staat ein Gemeinwesen vor, in dem die Interessen und Bedürfnisse der Schwächsten geschützt und gefördert werden. Was staatliche Verantwortung heute wirklich wäre, will ich an einem Beispiel, der Informationspolitik nach Tschernobyl, klarmachen. Wenige Tage nach der Reaktorkatastrophe wurde in Bonn das große Volksfest „Rhein in Flammen" von etwa 300 000 Menschen gefeiert. Es war vorauszusehen, daß es in dieser Nacht heftige Regenfälle geben würde und daß mit diesem Regen der radioaktive Fall-out auf die Menschen niedergehen würde. Die Sanitäter der diensthabenden Rettungsorganisationen hatten Anweisung, in die Zelte zu gehen, wenn der radioaktive Regen herunterkommt. Wer vom Regen naß geworden sei, solle in jedem Fall duschen. Die 300 000 Menschen hat niemand gewarnt. Sie wurden naß – bis auf die Haut. Der Staat hat sich seiner Verantwortlichkeit entledigt. Es war ein Verbrechen, die Menschen nicht zu warnen. Das Fest hätte abgesagt werden müssen.

Bei dem Propheten Jesaja gibt es eine Vision des Friedens, der nach einer nationalen Katastrophe eintritt. Unglückszeit und Segenszeit werden in Naturbildern dargestellt, sie betreffen das Land, die Ernte, die Frucht. Der furchtbaren Erfahrung, daß „die Wüste wächst", wie Nietzsche später sagen wird und wie die Katastrophe von Tschernobyl fast Wort für Wort bestätigt, steht die Vision gegenüber, daß die Wüste wieder zum Garten wird.

Über Jahr und Tag, da erzittert ihr Gesicherten
Denn aus ist's mit der Weinlese
eine Obsternte kommt nicht mehr
Erzittert ihr Sorglosen!
Erbebt, Vertrauensselige!
Klagt um die lieblichen Felder
um den fruchtbaren Weinstock
um den Acker meines Volkes
der in Dornen und Disteln aufgeht
ja um die Häuser voller Freude
in der fröhlichen Stadt!
Denn der Palast ist verlassen
der Stadt Getümmel vorbei
Hügel und Wartturm werden nacktes Feld
dem Wild zur Freude
den Herden zur Weide,
bis über uns ausgegossen wird
ein Geistbraus aus der Höhe.
Dann wird zum Garten die Wüste
und zum Wald wird der Garten gerechnet.
Und das Recht wird in der Wüste von einst wohnen
und die Gerechtigkeit siedelt im Garten
Und der Gerechtigkeit Frucht wird Friede sein
und der Gerechtigkeit Nutz wird Stille sein
und Gelassenheit
und mein Volk wird in Häusern des Friedens wohnen
in sicheren Wohnungen
in sorglosen Ruheplätzen.
    Jesaja 31, 10–18 (gekürzt)

3. NEUE UND ALTE ARMUT

Selig seid ihr Armen;
denn das Reich Gottes ist euer.
Selig seid ihr, die ihr jetzt hungert,
denn ihr sollt satt werden.
Selig seid ihr, die ihr jetzt weint,
denn ihr werdet lachen.
Selig seid ihr, wenn euch die Menschen hassen,
wenn sie euch aussondern und schlechtmachen
euch Umtriebe, Verbrechen nachsagen
weil ihr mir, dem Menschensohn folgt.
Freut euch, lacht darüber,
euer Lohn ist groß im Himmel
Schon vor euch mit den Propheten
haben es ihre Väter genauso gemacht,
mit allen, die für Gott den Mund auftaten.
    Lukas 6, 20–23

Ein Volk ohne Vision verliert seine Identität. Aber wer ist der Träger der Vision? Die biblische Tradition gibt darauf Antwort in einem ihrer großen Leitbilder, dem des Propheten, wie alle, die genannt werden „die für Gott den Mund auftun" – Arme, Ungebildete, Frauen. Es führt eine Linie von Amos, Jesaja und der Prophetin Hannah zu Martin Luther King und Domitila, der Bergarbeitersfrau aus Bolivien. Die Armen, so sagt es die lateinamerikanische Befreiungstheologie, sind die Lehrer. Und wer immer heute kritisch, protestierend oder Widerstand leistend handelt, der muß sich daran messen lassen, wie weit er oder sie die Sache der Armen vertritt. Es gibt ein, wie ich glaube, berechtigtes Mißtrauen der Konservativen gegen die Intellektuellen, die alles besser wissen, weil sie zwar reich an Gesinnung, aber arm an realer Verantwortung sind. Dieses Mißtrauen und die ihm zugrundeliegende Unterscheidung von Max Weber zwischen Gesinnungsethik und Verantwortungsethik muß sich allerdings auch Rückfragen gefallen lassen!

Ein deutscher Historiker hat vor kurzem die Webersche Unterscheidung dazu benutzt, den Widerstand der Leute vom 20. Juli 1944 gegen Hitler als „gesinnungsethisch" zu bezeichnen, während der Durchhaltewillen der Wehrmacht, die gegen die „Überflutung" durch die Rote Armee kämpfte, als eine „verantwortungsethische Position der Befehlshaber, Landräte und Bürgermeister" deklariert wurde. Diese – von Jürgen Habermas aufgedeckte – Ungeheuerlichkeit paßt in die Kulturpolitik der Wende, die die Geschichte umschreiben will: Das nationale Bewußtsein soll von Schuld und Scham gereinigt und auf strammen Antikommunismus umgepolt werden.[*]

Das Beispiel vom Bonner Volksfest zeigt ja gerade, daß diejenigen in der Verantwortung eben keinerlei Verantwortungsbewußtsein haben; sie haben ihre Maßstäbe für Recht und Unrecht, Wahrheit und Lüge schlicht dem Konsens der wirtschaftlich Mächtigen, hier der Atomlobby, angepaßt. Mit anderen Worten: die Abwesenheit von

---

[*] Vgl. Andreas Hillgruber, 20. Juli und Rote Flut, DAS, 27. 7. 86

„Gesinnung", Bewußtsein von Recht und Unrecht, führt zum Verlust auch der praktisch-konkreten Verantwortung. Die Mächtigen wollten die Beunruhigung in der Bevölkerung vermeiden, was ihnen dank der Tatsache, daß man Radioaktivität nicht sieht, nicht riecht und nicht hört, auch vorläufig gelang. Sie haben die Armen, die Unwissenden betrogen.

Das biblische Kriterium, das echte von falschen Propheten – und entsprechend eine prophetische Kirche von einer nur pastoral versorgenden – unterscheidet, ist ihre Nähe zu den Armen. Wer die Armen nicht hört, hört Gott nicht. Man kann das Thema der Gerechtigkeit nicht zu einem neben anderen relativieren – es ist das Thema Gottes, jedenfalls in der jüdischen und christlichen Tradition. Kein Zufall, daß die oben zitierten Sätze aus der Bergpredigt fortgeführt werden mit einem Weheruf über die Reichen; „Weh euch, ihr Reichen", ist die Konsequenz von „Freut euch, ihr Armen."

Im Licht dieser klaren Aussagen des Evangeliums hat die katholische Kirche, zunächst in Lateinamerika mit den Konferenzen von Medellin (1968) und Puebla (1979), aber mit Billigung der Weltkirche, von der „vorrangigen Option für die Armen", die die Kirche treffen muß, gesprochen. Auf Christus hören heißt auf die Armen hören. Christus begegnet uns in der Gestalt der Armen, und nur, wenn unsere Weltansicht von ihnen bestimmt ist, können wir Christus überhaupt wahrnehmen. Alles theologische Reden, alles Denken,

Beten, sich Äußern, die Bibel-Lesen, was von dieser Perspektive abweicht, ist eigentlich eine Vermeidungsstrategie; man versucht, Christus zu vermeiden, was ja eine der Hauptaufgaben der offiziellen Kirche ist, die einmal von einem Witzbold als „Versicherungsanstalt gegen zu viel Religion" bezeichnet worden ist!

Die kirchliche Lehre von der „Option für die Armen" hat zwei differenzierbare Bedeutungen. Sie enthält zum einen ein epistemologisches oder erkenntnistheoretisches Verständnis; daß wir unsere Lage nur dann erkennen können, wenn wir sie im Licht der Armen, für die Armen, von den Armen her denken und daß jedes Denken, das daran vorbeigeht, eigentlich unsere Lage selbst verfehlt.

Mir stößt es immer auf bei den Aufrüstungsplänen, wie total unsichtbar die Armen in diesen Überlegungen sind. Natürlich beteuern irgendwann auch Reagan, Weinberger oder Kohl, daß das Schicksal der Hungernden ihnen sehr am Herzen liege, aber wenn es um die konkreten Fragen geht, ob nun also dieser Panzer oder jene neue Form der Barbarei eingeführt wird, dann sind die Armen unsichtbar. Das sind rein militärimmanente Überlegungen, die auf die Realität unserer Welt, in der zwei Drittel der Menschen zum Verarmen bestimmt sind, überhaupt keinen Bezug nehmen. Die Armen werden unsichtbar gemacht und Teil der Aufgabe der Medien in unserer Welt besteht genau darin, die Armen zu verleugnen. Es wird ein globales kulturelles Modell erzeugt, in den USA noch deutlicher, aber mit der Amerikanisierung unseres Fernsehens auch hier zunehmend eindeutig. Da ist die nette Familie mit zwei Kindern, der Vater etwas doof, die Mutter managt alles, die beiden streiten und die Kinder raufen sich: dieses Kleinfamilienmodell mit den Sorgen und dem Horizont des Kleinbürgertums ist ein Teil der Strategie derer, die die Armen unsichtbar machen und aufrüsten. Die Horizontverengung wird systematisch in die Gehirne gewaschen! Man darf nicht an die Armen denken, sie dürfen nicht in unserem Bewußtsein sein! Als Beispiel erwähne ich, wie im Januar 1985, am Afrikatag, in den Medien „Entwicklungspolitik" gemacht wurde. Was da stabilisiert wurde, hat System, es ist ein System der Apartheid im Kopf, die die Satten von den Hungernden trennt, als hätten wir nichts mit der Massenverelendung zu tun, als bräche sie wetterbedingt und zufällig über die Armen herein. Unser Wohlstand und ihr Elend muß hübsch apart bleiben, das sind zwei Paar Schuh, jedenfalls für die in Unkenntnis der Realität gehaltene Mehrheit der Bevölkerung. Wir sind reich, weil wir fleißig waren, und die Armen sind arm, weil sie „noch nicht so weit sind" wie wir. Heino hat das ganz deutlich gemacht, als er an jenem Tag abends im Fernsehen „Am Brunnen vor dem Tore" sang; er wünschte den Verhungernden Brunnen und daß es ihnen bald so gut gehe wie uns! Daß es ihnen so schlecht geht, weil es uns so gut geht, daß die Armen ärmer werden müssen, solange die Reichen die Wirtschaftsbedingungen diktieren, das darf nicht laut gesagt werden!

Mitleid kann wie jedes starke unmittelbare Gefühl zwei Wege einschlagen: Es kann sich von Analyse, Verstand, Sachkenntnis abspalten und sozusagen kindisch bleiben und daher auch schnell wieder vergessen werden – oder es kann bohrend, fragend, selbstkritisch werden und sich mit analytischen Fähigkeiten verbinden. Unsere Medien haben zum größten Teil auf das kindische Mitleid gesetzt und das echte Mitleiden, das an die Wurzel geht, ausgeschaltet. Wenn Entmündigung bedeutet, daß wir nicht mehr den Mut haben, uns unseres eigenen Verstandes zu bedienen, dann entmündigen die Medien die Bürger immer mehr. Die Hauptverschwendung, der absolut irrationale Luxus, den wir uns leisten, wird kaum erwähnt: Von den Militärausgaben ist in diesem Zusammenhang so gut wie gar nicht die Rede, der Zusammenhang von Hunger und Überrüstung wird konsequent verdrängt. Niemand, der sich den Hauptmedien allein ausliefert, erfährt, wieviel Landapotheken für einen Leopard gekauft werden können! Statt dessen sahen wir Parlamentarier auf einem mit viel Eßgeschirr bestückten Tisch lediglich Fladenbrot essen. Verdummend ist diese Art der Medienpolitik, weil dem Zuschauer nahegelegt wird, die Hauptursache der Verelendung liege in unserem Essen. Das lenkt davon ab, was in der Bundesrepublik schon vor der Wende, aber mit ihr widerspruchsfrei, unangefochten und zynisch an erster Stelle der Schuld-Skala steht: unsere aktive Rolle im gegenwärtigen Weltwirtschaftssystem. Mitten im Medienrummel über den Hunger hungere ich nach einem Stück Wahrheit, aber gerade dieses Stückchen Brot kriegen wir hier nicht.

Der zweite Sinn dieser besonderen Option für die Armen ist aktionsorientiert, ist Parteinahme für die Armen. Wir sollen uns nicht nur in unserem Denken, in unserem Verständnis, sondern auch in unseren Aktionen, in unserem Handeln an den Armen orientieren und von den Armen lernen. Ich will dafür ein Beispiel geben: In der Südafrikadiskussion kommen immer wieder wohlmeinende Konservative und kritisieren den möglichen Wirtschaftsboykott: „Das schadet doch nur den schwarzen Arbeitern, wenn wir keine Outspan-Apfelsinen mehr essen". Darauf ist schlicht zu antworten: „Die Armen sind die Lehrer" und wenn unsere Freunde dort uns mitteilen, was wir tun sollen, dann werden wir uns daran halten. Wir müssen uns orientieren an denen, die in dieser Situation leben, in diesem Fall also schwarzen Gewerkschaftern, anderen politischen Führern in Südafrika, die an den Befreiungsaktionen beteiligt sind und die uns sagen, was sie brauchen: Der Boykott ist eines der wesentlichen erfolgversprechenden Mittel. In diesem Sinn sind die Armen die Lehrer für diejenigen, die sich auf das Christentum einlassen wollen und seine Vision teilen. Ich glaube, daß es zunehmend so sein wird in der letzten Phase unseres Jahrhunderts.

Ohne die Armen zu hören, können wir keine Vision entwickeln. Die Erste Welt allein ist unfähig zu einer Zukunftsvision zu kommen, die die Armen ernstnimmt. Die herrschenden Zukunftsvorstellungen verdienen den Namen „Vision" nicht, weil sie eben das prophetische, auf Gerechtigkeit bezogene Element nicht besitzen, sie gründen sich auf die Ausgrenzung und Unsichtbarmachung der Armen, sowohl in der Dritten Welt wie – zunehmend – innerhalb der reichen Welt selber.

Es ist jetzt über zwanzig Jahre her, daß in den Diskussionen der 60er Jahren der Begriff „Dritte Welt" auftauchte, geprägt, um die Aufmerksamkeit auf die Fragen an unsere Ordnung, unseren Wohlstand und unsere Zukunft zu lenken, die im Rahmen des Konflikts zwischen der Ersten und Zweiten Welt, zwischen Ost und West, nicht einmal artikuliert werden konnten. Ich sehe hier von der Arroganz und Selbstgerechtigkeit, die sich in dieser Numerierung ausdrückt, einmal ab. Ich erinnere mich noch deutlich, als ich zum erstenmal den Satz hörte: Die Reichen müssen reicher werden und die Armen ärmer, als ich zum erstenmal das Prinzip der „Schere", die sich immer weiter öffnet, verstand. Diese Vision des Grauens, des immer schlimmer werdenden Elends von zwei Dritteln der menschlichen Familie, ist von den Politikern in den Machtzentren der Ersten Welt niemals ernsthaft hinterfragt worden. Vorschläge zur Lösung, wie die Anhebung der Rohstoffpreise, gerechtere Handelsbeziehungen, Tilgung der Verschuldung, wie sie immer wieder von Führern der Dritten Welt vorgebracht wurden, verhallten ungehört. Die Vision des kapitalistischen Systems ist immer noch dieselbe: Die Armen müssen ärmer werden, damit die Reichen reicher werden können. Diese Vision ist ein Projekt des Todes und sie hat das in den Jahren seit ihrer Entstehung hinreichend bewiesen.

Wie die Welthandelspolitik unter den Führern der Ersten Welt ein übergreifendes Projekt, ein *bonum commune* des ganzen Erdkreises nicht anstrebt, so gilt auch auf der nationalen Ebene, daß das Volk als Ganzes, als Einheit, gar nicht mehr in den Blick tritt. Die Aufkündigung der Sorge für das *bonum commune* wird deutlich angesichts des Phänomens der „Neuen Armut". Auch hier ist das „Volk" nicht im geopolitischen Sinn betroffen, aber innergesellschaftlich. Die gegenwärtige Beschäftigungs- und Sozialpolitik zielt auf eine Ausgrenzung eines Drittels der Bevölkerung, die nicht mehr dazugehören sollen was Lebensstandard und Arbeitsmöglichkeit, Teilhabe und Mitbestimmung in Kultur und Politik angeht. Ich will von den USA ausgehen, habe aber unsere Verhältnisse mit im Blick; es gehört ja gerade zu dem „Volk ohne Vision", daß anstelle einer eigenen wirtschaftlichen, politischen und sozialen Vision nur das von der Kolonialmacht Vorgelebte dümmlich und peinlich nachgemacht wird.

Vor etwa zwei Jahren wurde Ronald Reagan von Reportern auf die sich immer noch verschlechternde Lage der Armen in den Vereinigten Staaten angesprochen. In seiner Antwort vermied er das Wort „arm" und sprach statt dessen von den Nicht-Reichen, *the non-rich*. Diese Ausdrucksweise hat mich schockiert, obwohl mir schon bekannt war, daß die einzige Fremdsprache, die Reagan beherrscht, das Orwellsch ist. Was bedeutet es, habe ich mich gefragt, wenn jemand das Wort „arm" nicht mehr in den Mund nimmt? Gehört es zu den schmutzigen Vier-Buchstaben-Wörtern, die man besser nicht benutzen sollte? Die Sprachverrenkung signalisiert ein neues politisches Paradigma. Vor allem drückt sie eine Verleugnung von Realität aus: Die Armen sind gar nicht arm. *Es gibt gar keine Armen in den USA.*

In Wirklichkeit ist die Armut in den letzten Jahren substantiell angewachsen: von 24,5 Millionen Amerikanern, die 1978 unter der Armutsgrenze lebten, auf 33,7 Millionen für 1984. Es gibt auch keinen Hunger, wie der Präsident bei anderer Gelegenheit scherzte, die Leute sind nur gerade bei einer speziellen Diät. Die Realität darf nicht gesehen und benannt werden, und die wichtigsten Medien in den USA folgen diesem Szenario: Die Nichtreichen sind nicht sichtbar, sind Unpersonen. Reden von den „Nichtreichen" enthält zugleich einen Angriff auf die Würde der Armen; das, was ich ihre spirituelle Wirklichkeit nennen möchte, muß neutralisiert werden.

Das Wort „arm" enthält ja vielfältige Konnotationen und gefährliche Erinnerungen an eine andere

Lebensform. In den germanischen Sprachen hängt „arm" mit „lieb" zusammen und wird auf „mitleidenswert" und „verlassen" zurückgeführt, wie wir das aus umgangssprachlichen Wendungen (‚ein armer Tor', ‚ein armer Hund') noch kennen. Im Kölschen gibt es eine schöne Wendung, um auszudrücken, daß es einem psychisch schlecht geht: „Ich han et arm Dier." Diese Ausdrücke entsprechen einer jüdisch-christlichen Mitleidtradition, die im kalkulierten Sozialabbau der Wende keinen Platz mehr haben darf. Der Nationale Kirchenrat in den USA hat schon 1981 in einem „Wort an die Kirchen" programmatisch erklärt:

> „Die neue Regierung verlangt von uns, unser bisheriges Verständnis, nämlich daß eine Regierung grundsätzlich verantwortlich dafür sei, ‚die allgemeine Wohlfahrt zu fördern', zu revidieren ... Die Politik der neuen Regierung zielt nicht nur darauf ab, die sozialen Leistungen zu beschneiden, sondern leugnet auch, daß die Menschen ein Recht darauf haben."
> (FR 16. 9. 1981, S. 14)

Die USA haben in den letzten Jahren, was das soziale Netz angeht, allmählich einen vorrooseveltschen Zustand erreicht. Die Regierung erhebt gar nicht mehr den Anspruch, die ganze Gesellschaft zu fördern und hat den nationalen Traum einer gerechten Gesellschaft, eines neuen Jerusalems ohne Ausbeutung und Sklaverei aufgegeben und sich von seinen Wurzeln in Christentum und Aufklärung gelöst. Seit Beginn der 80er Jahre werden immer größere Anteile der Bevölkerung syste-

51

matischer Verelendung unterworfen. Mitten im Überfluß, der die reichen Industrienationen weiter kennzeichnet, breiten sich in Europa und Nordamerika Armut und Hunger aus, während die Nahrungsmittelproduktion gleichzeitig mit Zuschüssen reduziert wird. Aber diese wachsende Minorität darf nicht allzu sichtbar werden; *es gibt keine Armen,* nur einige Nichtreiche.

Aber wer ist eigentlich „arm"? Können wir die „neuen" Armen in der Ersten Welt mit den in Elendsvierteln lebenden Massen der Dritten Welt vergleichen? Was heißt schon arm ... gemessen an Kalkutta? So hört man es oft, ich meine aber, das ist zynisches Gerede für beide Gruppen, den Verhungernden der Zweidrittelwelt wie den neuen Armen in der reichen Welt gegenüber.

Gehen wir von anerkannten sogenannten Grundbedürfnissen von Menschen aus: Nahrung, Gesundheit, Bildung, Wohnung, Kleidung, Arbeit und Kommunikation sind Bedürfnisse, deren Beeinträchtigung oder Verweigerung Menschen „arm" macht, sie verelenden läßt oder sie vernichtet. Bekanntlich gibt es „viele Arten zu töten. Man kann einem ein Messer in den Bauch stechen, einem das Brot entziehen, einen von einer Krankheit nicht heilen, einen in eine schlechte Wohnung stecken, einen durch Arbeit zu Tode schinden, einen zum Selbstmord treiben, einen in den Krieg führen usw. Nur weniges davon ist in unserem Staate verboten."* In diesen Bemerkungen

* Bert Brecht, Gesammelte Werke 12, S. 466

Brechts ist die Würde des Menschen vorausgesetzt. Ein kontextuelles Denken versucht, die Situation der Armut in Beziehung zu setzen zur menschlichen Würde. Der Vergleich mit Kalkutta ist für die Obdachlosensiedlung am Rand unserer Großstädte ganz unangebracht; die Fragen, die wir wirklich stellen müssen, sind: Wann wird Armut entwürdigend? Unter welchen Bedingungen zerstört sie die Würde des Menschen?

Nicht jede Form der Armut hat diese destruktive Qualität. Anfang November 1984 hielt der dann zum Staatspräsidenten gewählte Daniel Ortega in Nicaragua eine Rede, in der er den Zuhörern die ganze Härte des Krieges und der Vernichtungsdrohung durch die USA klarmachte. Er habe nichts zu versprechen als „Bohnen, Reis und menschliche Würde" sagte Ortega. Und eine der großen Faszinationen Nicaraguas für den Besucher aus der reichen Welt besteht gerade darin, daß er hier überall extreme Armut sieht, daß sie aber in den allermeisten Fällen nichts Entwürdigendes hat — vor allem, weil sie kollektives Schicksal, nicht Bestrafung einzelner Individuen ist. Ein Drittel der Bevölkerung Managuas lebt in den oft aus Blech, Holz und ein paar Steinen aufgebauten Hütten der Armen. Es sind „slums", aber nicht vergleichbar mit denen, die ich in Mexico City, in Santiago de Chile oder Buenos Aires gesehen habe. Im neuen Viertel El Retiro zum Beispiel haben alle Hütten Elektrizität, der Abfall liegt nicht auf den Lehmwegen; Wasserstellen sind über das ganze Gebiet verteilt; die meisten Leute tragen Schuhe. „Was bedeutet die Revolution für dich?", fragte ich eine junge Frau, Mutter von sechs Kindern, am Stadtrand von Managua. „Meine Kinder werden etwas lernen", sagt sie, und ein barfüßiges, schönes Kind vor der Einraumhütte aus ein bißchen Holz und Blech erklärt mit einer Arroganz, die Fünfjährige manchmal aufbringen, daß sie später studieren und Doktor werden wird.

Es gibt Formen von Armut, die die Würde des Menschen nicht zerstören, und die christliche Tradition läßt sich nur dann verstehen, wenn wir von dieser Möglichkeit ausgehen. Warum sind dann die bei uns auftauchenden Formen der neuen Verarmung, warum ist unsere Armut der Alten, der Frauen, der Kinderreichen, der Arbeitslosen, der Unbeschäftigbaren so anders und so zerstörerisch? Unter welchen sozialen und psychosozialen Bedingungen zerstört Armut die Würde des Menschen? Die neue Armut ist demütigend. Es gibt viele Berichte über Arbeitslose, die ihre Entlassung vor Nachbarn und oft auch vor der eigenen Familie verbergen, die morgens mit dem Bus angeblich zur Arbeit fahren und abends erst zurückkommen, weil sie die Demütigung, den sozialen Ausschluß nicht ertragen. Sie erleben sich selbst als vollständig abhängig von der Willkür anderer, die über die Vernichtung von Arbeitsplätzen durch neue Technologien entscheiden. Es gibt eine Scham der Armut, die sich lieber versteckt, den Weg durch demütigende Kontrollen und Prozeduren gar nicht erst versucht. Es fehlt den Armen an Souveränität, mit dem Leben umzugehen, Beziehungen zu anderen Menschen zu benutzen, spielerische Elemente des eigenen Lebens zu entwickeln. Das kann so weit gehen, daß die allersimpelsten Fragen von Armen nicht gestellt werden, wie die Frage „Was kostet das?" Geschichten wie die von der alleinstehenden Frau, die von einem Vertreter ein Kilo Kaffee pro Woche aufgeschwatzt bekommen hat und nicht weiß, wie aus der Falle herauskommen, sind keine Seltenheit. Die Abhängigkeit der Armen hat ihnen die Mobilität und die Neugier zerstört. Die Unsicherheit des Lebens vergrößert sich damit ins Unabsehbare, und zu der objektiven Unterwerfung unter soziale Kontrollen tritt die subjektive Selbstentwürdigung. Armut ist in der Tat ein besser nicht zu erwähnendes dreckiges Wort, und dieses Bewußtsein bekommen die Armen oktroyiert.

Ihre Kinder lernen es beim Eintritt in die Schule. Ich erinnere mich an eine Elternversammlung in der ersten Klasse der „höheren" Schule. Die Lehrerin sagte freundlich: „Wenn irgend etwas ist, können Sie mich ja anrufen. Vielleicht sollten wir alle unsere Telefonnummern austauschen." Ich dachte mir nichts dabei, aber neben mir saß eine verschüchterte Mutter und fragte „Muß man denn ein Telefon haben?" Sie war verunsichert von der ihr fremden Geläufigkeit, Mobilität, Kommunikationsart. Sie hatte Angst, etwas falsch zu machen und sprach, wenn überhaupt, nur zu mir. Nach einem halben Jahr hatte ihr Kind die Schule verlassen. Ich erzähle dieses Beispiel, um auf ein Phänomen der neuen Armut hinzuweisen: das subjektive Bewußtsein der Rechtlosigkeit. Das Bedarfsprinzip wird in der Sozialhilfe so ausgehöhlt, daß die Rechtsansprüche der Betroffenen zu Ermessensentscheidungen der Bürokratie gemacht werden; die Abhängigkeit wird vergrößert, und die Entwürdigung schlägt in Selbstentwürdigung um. Das Schulkind, für dessen Eltern die angesagte Klassenreise zu teuer ist, bleibt weg, entzieht sich, und der verhängte Ausschluß von der Wohn- und Lebensgemeinschaft wird durch viele kleine Schritte internalisiert.

Die Armen werden ausgegrenzt aus der Gesellschaft. Das geschieht in legislativen Maßnahmen, die soziale Deklassierung, Isolierung und mangelnde kulturelle oder politische Teilhabe zur Folge haben. Die Reichen wollen den Anblick der Armen nicht ertragen. Einem Bericht der New York Times entnehme ich, daß eine wachsende Anzahl reicher Ortschaften in den USA sich heute durch Mauern von den übrigen Menschen abgrenzt. Es gibt eine Architektur der „Reichen in Angst", die bewaffnete Häuser bauen: kleine Kastelle mit hohen Hecken, scharfen Hunden und Alarmanlagen. Meist liegen diese eingemauerten Ortschaften in den USA noch nicht einmal in der Nähe von Orten mit hoher Kriminalität; dennoch ist die Furcht der Reichen vor den Armen bereits so groß, daß elektronische Sicherheitsgürtel und bewaffnetes Wachpersonal notwendig werden. Die ältere Vorstellung von der Stadt, der Polis, in der freie Bürger zusammenleben, ist aufgegeben zugunsten einer Architektur der Apartheid, mittels derer die Armen unsichtbar gemacht werden. Sie sind Unpersonen, und Reagans Ableugnung ihrer Realität spricht nur das Bewußtsein seiner Klasse aus: *Es gibt keine Armen.*

In Südafrika wachsen die weißen Jugendlichen in der übergroßen Mehrzahl in vollständiger kultureller Apartheid auf: Sie kennen ihr eigenes Land nicht, sie wissen nichts über die Versorgung mit Wasser und Strom in den Townships wie Soweto, die Arbeitsbedingungen der Nicht-Weißen sind ihnen vollständig unbekannt. Diese geistig-kulturelle Apartheid ist aber nicht nur eine Erfindung südafrikanischer Rassisten, sie ist grundlegend für die gesamte Kultur der Reichen. Es gibt z. B. ganze Theologien und auf ihnen gegründete Institutionen, in denen die Armen, die nach einer Aussage der lateinamerikanischen Bischofskonferenz von Puebla (1979) „die Lieblingskinder Gottes" sind, gar nicht vorkommen, unsichtbar bleiben. Die reiche Welt braucht immer mehr Mauern, um sich gegen die Armen zu verschanzen und immer mehr Waffen, um sich gegen sie zu sichern. Die Ausgrenzung der Armen, ihre Unsichtbarmachung ist ideologisch notwendig. Darum sind Reagans Sprachverrenkungen kein Zufall. Die Abfallprodukte, die zunehmende Marginalisierung ganz neuer Generationen von Armen wird, verschleiert.

Im Sommer 1984 legte der Deutsche Gewerkschaftsbund eine Studie zur Ausgrenzung von Arbeitslosen vor. Daraus geht u. a. hervor:

— 637 000 gemeldete Arbeitslose erhielten im September 1983 keinen Pfennig an Arbeitslosengeld oder Arbeitslosenhilfe (Sept. 1982 = 506 000). Darüber hinaus melden sich viele Arbeitslose, die durch die Bonner Gesetzesverschärfungen oder die zunehmende Dauerarbeitslosigkeit ihre Ansprüche auf Arbeitslosengeld verloren haben, erst gar nicht bei den Arbeitsämtern. Unter Berücksichtigung dieser entmutigten Arbeitslosen, die in die „stille Reserve" abgewandert sind, erhalten mindestens 1,6 Millionen Menschen keine Unterstützung. 1985 dürfte sich ihre Zahl noch weiter erhöhen. Besonders häufig werden Jugendliche, Frauen, Ausländer, Schwerbehinderte, Arbeitslose ohne Berufserfahrung ausgesteuert.

— Knapp zwei Drittel der Arbeitslosengeld/hilfe-Bezieher waren zu Beginn dieses Jahres von der Kürzung der Unterstützungssätze für Kinderlose betroffen; sie mußten monatliche Einkommenseinbußen von DM 75,— hinnehmen.

— 1983 bezogen rund 230 000 Arbeitslosenhaushalte vorübergehend oder ständig Sozialhilfe.

— Etwa 50 000 arbeitslose Sozialhilfeempfänger wurden 1983 zur „Gemeinschaftsarbeit" zwangsverpflichtet. Stundenlöhne zwischen 1 bis 3 DM, ohne Sozialversicherungsschutz, ohne Arbeitsvertrag und ohne Rechte nach dem Personalvertretungsgesetz: so müssen sie in den meisten Fällen ihre Arbeit verrichten.

Die „neue Armut" unter Arbeitslosen ist eine kalkulierte Folge des Sozialabbaus.

Ungefähr zur gleichen Zeit wie die Studie des DGB über die neue Armut erschien ein Hirtenbrief der französischen Bischöfe zum Thema. „Man hat heute Hunger in Frankreich", so beginnt diese Deklaration, und damit ist nicht eine Randerscheinung gemeint oder eine Art „Unfall" in einer sonst florierenden Wirtschaftsordnung, sondern die Realität von 600 000 bis zu einer Million ganz normaler Franzosen, die im wirtschaftlichen System, das sich für die Anwendung der neuesten Technologien stark macht und Massenarbeitslosigkeit in Kauf nimmt, vorgegeben ist. Diese wirtschaftspolitische Entwicklung wird heute durch neue Ideologien, wie sie in der immer beliebteren philosophischen Schule der Nouvelle Droite, der Neuen Rechten, gang und gäbe sind, abgesichert. Jede Woche popularisiert das Figaromagazin auf Glanzpapier den neuen „Kult der Stärkeren", identifiziert die Stärkeren als die Besseren, Schönen und Mächtigen und verschafft den Reichen ein gutes Gewissen. So werden die ideologischen Apartheidsmauern hochgezogen; das Ideal der Gleichheit wird als „Nivellierung" und „Gleichmacherei" verteufelt. Der Kult der Stärke, der auch in der jüngsten Schüler- und Studentengeneration immer mehr Anhänger findet, wird offen als „neues Heidentum" proklamiert. Endlich fort mit den Resten einer Solidargemeinschaft aus Starken und Schwachen! Die Armen sind es selber schuld – das ist die neue Ideologie, die von den Franzosen antiklerikal und heidnisch, von Reagan fundamentalistisch und christofaschistisch ausgesprochen wird. Die Würde der Armen ist in der Tat antastbar.

In der BRD hinkt die Ideologie vielleicht noch etwas hinterher, aber die praktisch-bürokratische Verwaltung der Armen ist schon perfekt. Indem man die finanziellen Kosten für die Armen vom Bund auf die Länder und Gemeinden verlegt, arbeitet man ihrer Isolierung und Dezentralisierung zu. Die sozialen Probleme sollen entpolitisiert bleiben. Die Armen, die Arbeitslosen und die ohne Aussicht auf eine Änderung Lebenden müssen voneinander isoliert werden. Die Verlagerung der Kompetenzen dient der politischen Entmündigung der an den Rand Gedrängten. Auf einer Gesprächsrunde zwischen Wirtschaftsführern und Repräsentanten des deutschen Protestantismus wurde kürzlich der Auftrag der Wirtschaft an die Kirche in zynischer Offenheit formuliert. Die Kirche solle die Arbeitnehmer auch für sinnlose Arbeiten motivieren und ihnen eine neue Arbeitsmoral nahebringen. Die Arbeitslosen solle sie unter Hinweis auf den „Sinn des Lebens" ruhig halten. Diese Art, mit dem Problem der neuen Armut umzugehen, ist nicht nur zynisch, sondern auch realitätsblind. Ich kann mir nicht vorstellen, daß die Angehörigen der Machteliten tatsächlich so leben wollen, wie es ihnen die Ideologie des Reichtums vorschreibt: in bewaffneten Häusern, hinter Mauern in privaten Siedlungen, mit Atombunkern ausgerüstet und im Besitz der bezahlten Wächter, die die nachrückenden Eindringlinge vor den Schutzräumen abknallen. Eine Gesellschaft, die die Armen aus sich ausgrenzt, die die Solidargemeinschaft zwischen den Starken und den Schwachen, den Arbeitsbesitzern und den Arbeitslosen, den Kinderlosen und den Kinderreichen aufkündigt, muß auch die politische Lebensform der Demokratie aufkündigen. Demokratie funktioniert nicht unter den Voraussetzungen des Sozialdarwinismus, sondern setzt genossenschaftliches Denken, gegenseitige Verantwortlichkeit, ein *bonum commune* voraus. Die Aufkündigung dieser Gemeinsamkeit und gegenseitigen Abhängigkeit bedeutet den Krieg der Reichen gegen die Armen, Krieg wird in der Ideologie der Neuen Rechten zur Vision des Lebens; als das natürlich Gegebene ist der Krieg das jederzeit Vorzubereitende. Der Zustand der Verelendung, in den die Eliten der reichen Welt die Ärmsten in der Dritten Welt stürzen, ist ohne Krieg und Gewalt nicht aufrechtzuerhalten. Der unerklärte Krieg des reichsten Landes der Erde gegen eines der ärmsten, Nicaragua, sollte das auch den naivsten Verfechtern westlicher Ideologien klargemacht haben.

Die Reichen zerstören nicht nur die Menschenwürde der Armen, sondern auch ihre eigene. Sie
haben ihre Würde an Besitz und an die mit Besitz
verbundenen Gewaltmittel gekettet. Nicht jede
Form von Armut muß die menschliche Würde zerstören, aber jede Form von Reichtum, der unbezo-
gen bleibt auf die Abhängigen und sich hinter
Mauern isolieren muß, ist eine Selbstzerstörung
der Menschenwürde der Reichen. Daß ein Reicher ins Himmelreich kommt, ist so wahrschein-
lich, wie daß ein Kamel durchs Nadelöhr geht.

Die christliche Tradition hat in die Auseinandersetzung um Armut und Reichtum etwas einzu-
bringen, was heute in Gefahr steht, vergessen zu
werden. Sie geht nämlich nicht von der Annahme
aus, alle Menschen seien Kapitalisten, manche er-
folgreich (=reich), andere erfolglos, verhindert
(=arm). Diese Annahme ist in unserer Kultur
selbstverständlich, und die Würde der Armen, der
Grund, warum Jesus sie seligpries, ist von diesem
Horizont aus schlechterdings unverständlich. Es
ist aber ein materialistischer Aberglaube, anzunehmen, jede Form von Armut zerstöre unsere
Würde und sei um jeden Preis zu vermeiden. Solange wir die Armen unter dem allein herrschenden Gesichtspunkt, nämlich als verhinderte Kapitalisten betrachten, verstehen wir nichts. Die
Würde der Armen liegt in ihrem Sein, nicht in ihrem Haben und Nicht-Haben; die Zerstörung ihrer Würde ist die Zerstörung ihrer Solidarität untereinander, ihrer gemeinsamen Vision.

Ich habe die Kriterien, die Armut zerstörerisch und selbstdestruktiv machen, genannt: Demütigung, Scham, Isolation und Sinnlosigkeit. Aber das definiert die Armen nicht jederzeit und nicht überall. Die Bibel ist ein erklärter Gegner jeden Schicksalglaubens, jeder Beschreibung der menschlichen Wirklichkeit als schicksalhaft ablaufend. Sie setzt gegen das „Weil du arm bist, mußt du früher sterben" ihr: „Weil du reich bist, hast du nie gelebt." Das Evangelium ist voll von Weherufen gegen die Reichen und Seligpreisungen der Armen. Es verspricht den Hungrigen, Entrechteten und künstlich Verarmten Befreiung und Fülle des Lebens. Innerhalb der christlichen Tradition lassen sich zwei Arten von Armut unterscheiden: die erzwungene, über Menschen verhängte Verelendung, die im Extrem von den Ökonomen „absolute" Armut genannt wird, und die freiwillig gewählte, in der Menschen ihre von Natur aus unbegrenzten materiellen Bedürfnisse zurückstellen und Freiheit füreinander gerade aus Einfachheit und relativer Besitzlosigkeit gewinnen. Die große Frau des amerikanischen Katholizismus Dorothy Day (1897–1980), eine moderne Heilige, ist für mich das deutlichste Beispiel einer solchen freiwillig gewählten Armut. Die von ihr gegründete Bewegung des Catholic Worker bringt freiwillige Armut mit konsequenter Gewaltfreiheit und Widerstand gegen den Militarismus zusammen.

Das Evangelium verspricht nicht, daß alle wie die Reichen werden sollen, das Ideal ist nicht der

Millionär und seine Generäle; es sind die kleinen Leute, die Frauen, die Kinder, denen das „Leben in seiner Fülle" physisch, geistig, psychisch versprochen wird in einer Kultur des Teilens, in der fünf Brote und zwei Fische unter fünftausend Menschen geteilt werden und ausreichen.

Die befremdlichen Wundergeschichten in den Evangelien können uns Distanz von uns selber (und dem Kapitalisten in uns) geben und uns ein besseres Verständnis von der Rolle der Armen vermitteln. Was lehren denn die Armen? Sie warten auf Wunder. Sie brauchen Wunder — während für die Reichen die Wunder nur Aberglaube, Illusion, Realitätsflucht sind. Die Armen brauchen das Wunder: die Außerkraftsetzung der Realitätsgesetze, daß wer fällt, auch noch gestoßen wird, daß der Starke über die Schwachen siegt und ihnen Gewalt antut. Sie brauchen das Wunder, daß Solidarität stärker als die strukturelle Gewalt der Mächtigen ist. Die Armen brauchen nicht Reformen, Hilfsprogramme, Placebos, sondern das Wunder, dessen Kern die Umverteilung ist. Die neue Verteilung der Arbeitszeit, der Einkommen und der Freizeit nach dem Prinzip der Bedürfnisse — das sind Visionen, ohne die die Armen nicht ihre Würde bewahren können. In diesem Sinn ist die sandinistische Revolution, die das Land, das Essen, die Gesundheit und die Bildung umverteilt hat, eine Wunder-Geschichte, in der das unmöglich Scheinende möglich wurde. „Alles ist möglich dem, der da glaubt", sagt Jesus. An Wunder „glauben" bedeutet in seiner Botschaft, sich an ihnen zu beteiligen, sie zu tun.

Das Versprechen der Zukunft Gottes in einer solchen solidarischen Kultur ist eine Einladung zum Kampf, zum Eintreten für die Opfer und zum Mitleiden. Die Menschen, die sich auf die Seite der Armen ziehen lassen, kommen mit dem Grund allen Lebens in Berührung: oder, wie die Bibel es ausdrückt, daß ihnen Gott in den Armen begegnet.

Bei diesem Schritt von der Bewußtlosigkeit zum Bewußtsein, von der apathischen Hoffnungslosigkeit einem Verhängnis gegenüber zum Glauben an den befreienden Gott der Armen, verändert sich auch die Qualität der Armut, weil sich das Verhältnis zu ihr ändert. Wenn der Arme nur ein verhinderter Kapitalist ist, kann sich sein Verhältnis zur Armut nicht ändern, und er wird weiter Lotterie spielen und auf den Zufall der Einstellung und der individuellen Lösung eines gesellschaftlichen Problems warten. Er wird sich weiterhin der Armut schämen und die Isolation für natürlich halten. Er wird die Kultur der Apartheid internalisieren und seine eigene Würde kapitalistisch, in Besitz und Leistung, definieren.

Wird er sich aber seiner Lage bewußt, so verändert sich sein Verhältnis zu sich selber. Seine Armut, quantitativ gesehen, kann größer werden, weil der Kampf und das Mitleid Opfer fordern; sie kann auch geringer werden, weil der Kampf und das Mitleiden eine bessere Verteilung der Güter schon jetzt bedeutet. In beiden Fällen ist aber die erzwungene, verhängte Armut nicht mehr dieselbe: Sie nimmt die Züge der freiwilligen Armut an; es leuchtet die Realität der Freiheit in der Armut auf; sie wird Gottes Armut, wie sie es für Jesus, für Franziskus, für Oscar Romero und viele andere war. Die Armen werden so in die Befreiungskämpfe verwickelt. Was sich jetzt wie ein Traum anhört – das Bewußtsein der Bewußtlosen –, hat in der Dritten Welt seine Vorbilder. Die Armen haben sich dort schon zusammengeschlossen, die Befreiungskämpfe finden statt, die Kultur der Apathie und des entwürdigenden Schweigens wird überwunden, Reis, Bohnen und menschliche Würde werden geteilt. Warum sollte es nicht auch bei uns eine Gewerkschaft derer geben, die vom Arbeitsleben ausgeschlossen werden. Eine neue Solidarität zwischen denen, die noch Arbeit haben und denen, deren Würde durch die Verweigerung des Menschenrechts auf Arbeit bedroht ist? Eine Bewegung für den Frieden, die die Marginalisierung und Entwürdigung der Armen als Teil des erbarmungslosen Krieges begreift, den die Erste Welt gegen zwei Drittel der menschlichen Familie, gegen die Natur und gegen sich selber führt? „Warum wollt Ihr sterben?" fragte der Prophet Hesekiel (33, 11). Warum eigentlich?

4. ERINNERUNG

„Sag nicht: wir haben davon doch nichts gewußt!
Wird er, der die Herzen prüft, dich nicht durchschauen?
Er, der auf deine Seele achtet, er weiß es
und er vergilt dem Menschen nach seinem Tun."
Sprüche Salomos 24, 12

Eine Vision ist nicht nur ein Bild der Zukunft, sie ist vielmehr in allen drei Dimensionen der Zeit zu Hause. Sie läßt uns die Gegenwart anders wahrnehmen und hilft uns, in ihr neue Formen unserer Lebenspraxis zu entwickeln. Sie nimmt auch teil an der Vergangenheit und versucht, aus der Erinnerung zu lernen und uns mit denen, die vor uns waren, zu verbinden. Manchmal kommt es mir so vor, als wenn „Erinnerung" ein anderer Name für Gott wäre. Du sollst nicht vergessen, sagt dieser Gott. Vergiß nicht, daß das Leben ein Geschenk ist, kein Besitz. Daß es zum Weitergeben und Teilen gedacht ist, nicht zum Festhalten. Erinnere Dich an die Geschichte deines Volkes, die Dich im Guten wie im Bösen mitbestimmt. Du magst Traditionen als einengend oder zerstörerisch abwerfen, aber Du sollst sie nicht ohne Not verlieren oder vergessen; Du verarmst dich sonst selbst, Du schneidest dich ab vom Grund des Lebens. Das Gedächtnis ist eine menschliche Fähigkeit, ohne die wir uns selber vereinsamen. Gedächtnis haben zu wollen gehört zur Würde des Menschen, auch zu der eines Volkes.

Gabriel García Márquez hat in „Hundert Jahre Einsamkeit" eine mythische Erzählung geschrieben über eine Krankheit, die er die „Pest der Schlaflosigkeit" nennt. Diese Krankheit, in der das Schlafbedürfnis nachläßt und schließlich verschwindet, wird von den Dorfbewohnern zunächst gut gelaunt begrüßt und als eine Art Fortschritt angesehen. „Wenn wir nicht mehr schlafen, um so besser. Auf diese Weise wird uns das Leben mehr geben." Aber die seltsame Krankheit bringt eine andere Erscheinung mit sich, das Vergessen. „... sobald der Kranke sich an den Zustand des Wachens gewöhnt habe, begännen seine Kindheitserinnerungen zu verblassen, bald darauf vergesse er seinen Namen und die Bezeichnungen der Dinge, zu guter Letzt den Namen der Menschen und sogar das Bewußtsein des eigenen Ich, bis er einer Art von vergangenheitslosem Stumpfsinn verfalle."* Einer der unermüdlichen Erfinder in García Márquez' Roman beginnt daraufhin, die Dinge, deren Namen in Vergessenheit versinken, zu beschriften und Tisch, Stuhl, Uhr, Kuh usf. auf sie zu schreiben; später gibt es schriftliche Anleitungen zum Gebrauch der Dinge, weil auch er in Vergessenheit gerät. Am Eingang der Siedlung stellt man eine Tafel mit der Aufschrift „Gott existiert" auf. Erst ein von Ferne, aus dem Reich des Todes zurückkehrender Weiser, bringt Heilung von der Schlaflosigkeit.

* Gabriel García Márquez, Hundert Jahre Einsamkeit, Köln 1970, S. 57

García Márquez' Einfall ist eine perfekte Satire auf eine fortschrittsgläubige Welt, die meint, ohne Schlaf, Traum, Regression und Erinnerung auskommen zu können. In einem ganz anderen gegenwärtigen Roman von weltliterarischem Rang taucht dasselbe Motiv der Gedächtnislosigkeit auf: bei Tschingis Aitmatow in „Ein Tag länger als ein Leben". Der kirgisische Autor erzählt eine Legende, die von den eingeborenen Nomaden in Kasachstan überliefert wird. Es gab dort eine furchtbare Folter, mit der jungen Kriegsgefangenen das Gedächtnis zerstört wurde. Man preßte ihnen frische, langsam trocknende Kamelhaut auf den kahlgeschorenen Kopf und drückte ihnen durch die Schrumpfung der Haut unter Qualen den Schädel zusammen. „Die Mehrzahl der zu qualvoller Folter auf freiem Feld Ausgesetzten starb unter der Steppensonne. Wer nicht unter Folterqualen starb, verlor für allezeit sein Gedächtnis und wurde zum Mankurt – zu einem Sklaven, der sich nicht mehr an seine Vergangenheit erinnert. Ein Mankurt wußte nicht, wer er war, woher er stammte, er kannte seinen Namen nicht, erinnerte sich nicht an die Kindheit und nicht an Vater und Mutter – kurz ein Mankurt begriff sich selbst nicht als menschliches Wesen. Als Sklave war er absolut ergeben und ungefährlich." In der Legende, die Aitmatow erzählt, findet eine Mutter ihren zum Mankurt gemachten Sohn in der Steppe wieder, sie versucht, ihn nach Hause zu bringen. „Land kann man rauben, Reichtum kann man rauben, sogar das Leben kann man rauben", überlegt sie laut, „wer aber hat sich das ausgedacht, wer wagt es, einem Menschen sein Gedächtnis zu entreißen? Herrgott, wenn es dich gibt, wie konntest du den Menschen so etwas eingeben? Ist nicht ohnehin genug Unheil auf Erden?"* Ihr Versuch scheitert, der Gedächtnislose erschlägt sie.

Was führt Menschen zum Verlust der Erinnerung, zur Zerstörung des Gedächtnisses, zur Auslöschung der Wahrheit des Vergangenen in ihrer Seele? Die beiden hier zitierten Schriftsteller geben ihre Antworten in den großen Metaphern des Schmerzes: Krankheit und Folter. Die Krankheit des Fortschrittswahns, in dem Schneller-Mehr-Größer zu letzten und einzigen Kriterien werden, schleicht sich in das Bewußtsein der Menschen und zerstört ihnen die Fähigkeit, sich zu erinnern. Und der brutale Terror, der sich Sklaven schaffen will, gefügige Arbeitstiere, die sich, einmal zerstört, willig abrichten lassen und ohne jedes Aufbegehren funktionieren, tut das Gleiche. Beide vernichten die menschlichste Fähigkeit sich erinnern zu können. Ich frage mich, an welchem dieser beiden Modelle das Volk im Herzen Europas, das seine Erinnerung verraten hat, mein Volk, beteiligt ist. War es die Tortur der Kriege, die Bombennächte, die Vertreibung, das Elend, das uns zu „Mankurts", unterwürfigen Dienern der Super-

---

* Tschingis Aitmatow, Ein Tag länger als ein Leben, Fischer Taschenbuch 1985, S. 123 ff.

mächte gemacht hat? War es die Krankheit, der Konsum, der Wohlstand, die Arbeitssucht, der Luxus und die Bequemlichkeit, die uns die Erinnerung geraubt hat, ja die uns in den ersten Jahren des Wirtschaftswunders die geschäftige Schlaflosigkeit hat freudig begrüßen lassen?

Ich denke, beides arbeitete in der Nachkriegsgeschichte Westdeutschlands auf eine fatale Weise zusammen, fürs Vergessen, gegen die Vision, die doch auch aus dem Schmerz hätte wachsen können. Statt dessen wuchs das Gestrige, die nationale Identität des selbstbewußt polternden, von Geld und Leistung strotzenden Geschäftsmannes, den der Kanzler Erhardt auf die schlagende Formel gebracht hat „Wir sind wieder wer". Dieser tüchtige und zuverlässige Wir-sind-wieder-wer-Deutsche lebt ohne Gedächtnis, es ist ihm, nachdem er es lange nicht benutzt hat, wie ein funktionsloser Körperteil ausgefallen. Im Vergleich zwischen Ost- und Westdeutschland fällt vielen Beobachtern die nationale Gedächtnislosigkeit im Westen auf; es gibt in der DDR eine andere Form von Erinnerungsfähigkeit, von Bereitschaft, sich zu erinnern. Ich vermute, daß auch die persönlichen Erinnerungen der Menschen von dieser gesellschaftlichen Denkarbeit betroffen sind und nicht ganz so selektiv verfahren wie bei uns.

Es gibt in jeder Erinnerungsarbeit zwei gegenläufige Prozesse. Von Natur aus, d. h. dank unseres mörderischen Selbstbehauptungswillens, erinnern wir uns an das Leid, das wir erfahren haben, in ganz anderer Genauigkeit als an das, was wir andern zugefügt haben. Ich erinnere mich z. B. genau an den Schmerz, an die Gefühle der Beschämung und der Demütigung, die mein erster Mann mir durch sein Weggehen angetan hat. Ich erinnere mich kaum, sehr undeutlich und nur, wenn ich darauf hingewiesen werde an das, was ich getan habe, ihn weggehen zu machen. Meine spontane Erinnerung gaukelt mir ein Bild vor, in dem ich das Opfer bestimmter Umstände und besonderer Bösewichte bin. Gerade beim Leiden versteht sie es gut, mich zu belügen. Über die Freude können wir, Gott sei Dank, gar nicht so viel lügen. Aber bei Leiden verleugnen wir unseren Tatanteil und genießen erinnernd das Opfersein. Die meisten Geschichten vom Verlassenwerden in der Liebe haben diese Qualität.

Diese Struktur, die jede in ihrer Lebensgeschichte wiederfinden kann, gilt für die nationale Geschichte und die hier zu leistende Erinnerungsarbeit genauso, nur noch weit schlimmer. Mit der Wiederaufrüstung der BRD gewannen die Kräfte der Verleugnung vergangener Realität und der Umdeutung von Geschichte, in der wir von Tätern zu Opfern wurden, an Lautstärke, Sprachvermögen und bewußtseinsbildendem Einfluß. Die deutschen Verbrechen z. B. werden mit dem Hinweis auf die der Tschechen, Polen und Russen ausbalanciert. Die deutschen Leiden — im Bombenkrieg, auf der Flucht, bei der Vertreibung — erscheinen optisch verzerrt als die größten. Mir geht es da nicht besser als anderen: Ich erinnere mich z. B. viel intensiver an die Hungerjahre als an die ersten Kriegsjahre, in denen wir den Hunger ja nur anderen Völkern in West- und Osteuropa brachten. Zu meiner Konfirmation 1943 bekam ich eine Schweizer Uhr, die einer meiner Brüder aus Frankreich besorgt hatte. Über die wirtschaftliche Lage der Menschen im besetzten Frankreich hörte ich nichts. Für viele Menschen in meinem Land hat der Krieg eigentlich erst begonnen, als er in unser Land kam; und die Zeit, in der er aus unserem Land zu anderen kam, ist nicht gleich tief in die Erinnerung eingegraben.

Das Gedächtnis ist natürlicherweise selektiv, aber in unserer politisch-kulturellen Entwicklung hat sich eine barbarische Ideologie diese natürliche Selektion zunutze gemacht und die Menschen davon abgehalten, Erinnerungsarbeit, Überwindung der vermeintlichen Opferrolle zu leisten. Ich meine das, was der große deutsche Schriftsteller Thomas Mann die „Grundtorheit unserer Epoche" genannt hat, den Antikommunismus. Ronald Reagan hat diese Geisteshaltung tatsächlich auf den Punkt gebracht, als er von der Sowjetunion als der „Wurzel allen Übels" (the source of all evil) sprach. Wer so spricht, muß eigentlich Gott sein oder sich dafür halten, woher könnte er sonst die Erkenntnis „allen" Übels, sei es Drogenabhängigkeit von Jugendlichen, Waldsterben oder schlechtes Wetter, nehmen?! Der Antikommunismus ist der Boden, auf dem ein Feindbild entsteht, auf das alle

73

Übel projiziert werden. „Die Juden sind unser Unglück", sagte Hitler den von Inflation und Wirtschaftskrise gebeutelten Massen. Der Antikommunismus der USA, den Reagan popularisiert, hat die gleiche Funktion wie der Antisemitismus der Nazis. Es wird ein Feind aufgebaut, der schuld ist – uns also ent-schuldet; der all-gegenwärtig und all-mächtig ist, so daß andere, unabhängige Realitäten ganz klein vor ihm werden und den zu besiegen zum wichtigsten Ziel wird, um endlich eine feind-freie befriedete Welt herzustellen.

Entschuldung der eigenen Taten, Verleugnung der Realität, z. B. des Elends in der Dritten Welt und der Wunsch, die eigenen Probleme mit einem Schlag, mit Stumpf und Stiel, durch Gewalt zu lösen, das sind die drei wichtigsten Funktionen eines solchen Feindbildes. Die Vision, die aus dem Feindbilddenken kommt, kann nur ein Ziel haben: Vernichtung des Feindes. Es gibt keine Bekehrung, Veränderung oder Ent-feindung des Feindes. Jeder Versuch, ihn in dieser Richtung zu verstehen, wird von dem aggressiven Antikommunismus als Fehler und Schwäche enttarnt; heute ist es in den USA schon hinreichend, *soft on communism* zu sein, um in führenden Kreisen und Medien zur Unperson zu werden. Die Vision der endgültigen Vernichtung des Feindes wird nur von einigen militärischen Scharfmachern offen ausgesprochen, sonst bleibt sie als permanente Drohung eher latent. Sie ist eine der wichtigsten Garantien dafür, daß die Rüstungsindustrie und die von ihr abhängige Forschung weiter krebsartig wuchern kann. Im Interesse dieses militärisch-industriellen Komplexes muß die Erinnerung auswählen oder zum Schweigen gebracht werden. Ich erinnere mich an ein Gespräch, das ich mit einer französischen Vertreterin von Pax Christi hatte. Sie sagte, ohne die französischen Atomraketen würden „die Russen kommen". Ich fragte sie, ob das schon einmal in der französischen Geschichte geschehen sei. Sie fing sichtbar an nachzudenken und kam dann darauf, daß die Russen wohl mehr historisches Recht hätten zu fürchten, daß „die Franzosen kommen". Es gibt viele andere Beispiele dafür, wie der Antikommunismus die historischen Realitäten total verzerrt und umlügt. Die Befreiungskämpfe der lateinamerikanischen Völker werden z. B. als „marxistisch-leninistische" Unterwanderung dargestellt, auch wenn diese Kämpfe lange vor der russischen Revolution und in völlig anderen geopolitischen Zusammenhängen entstanden sind.

Die Erinnerung an die reale Geschichte könnte der aus Selbstschutz und Fremdenhaß zusammengebrauten Erinnerung gefährlich werden. Sie könnte die Unterwürfigkeit derer, die um ihr Gedächtnis gebracht worden sind, stören. Ich denke bei dieser Hoffnung nicht so sehr an die rechtsextremistischen Erscheinungen, wie den Neofaschismus derer, die Auschwitz für eine Lüge halten usw. Die politisch gefährliche Funktion dieser Randgruppen ist nicht, was sie an Friedhofsschändung und anderen Scheußlichkeiten selber tun, sondern wie weit sie das Klima auch für die nicht-extreme, sich selbst als „Mitte" definierende, bürgerliche Mehrheit bestimmen. Mit der Politik der Wende haben sich ihre Einstellungen immer weiter nach rechts verschoben: Die Nazis waren schlimm, aber darüber brauchen wir heute nicht mehr zu reden (Entschuldigung), die Russen sind schlimmer, wie man ja an Nicaragua sieht (Verleugnung der Realität), Neutralisierung wäre unser Ende, wir müssen weiter aufrüsten (Vernichtungswillen).

Ein Volk ohne Vision darf sich nicht erinnern. Ich habe vor einigen Jahren in der Kirchengemeinde einem alten Konzentrationslagerhäftling zugehört, der von seinen Erfahrungen berichtete. Ich hatte seit über zwanzig Jahren niemanden mehr über diese Vergangenheit sprechen hören. Der Ort, an dem es möglich war, einem alten Kommunisten zuzuhören, hatte etwas Besonderes, weil es ja generell in der BRD und ihren Medien kaum Öffentlichkeit gibt für die Ausgegrenzten. Die Kirche, so kam es mir vor, wird nicht nur in Ost-, sondern auch in Westdeutschland ein Spielraum der Freiheit.

Eine der Geschichten, die wir da hörten, ging mir sehr nach. Radio Moskau hat nach Stalingrad Listen von deutschen Kriegsgefangenen veröffentlicht. Deutsche Kommunisten haben diese Sendungen abgehört, die Namen aufgeschrieben, die Adressen herausgefunden und die Angehörigen benachrichtigt. Diese kleine Begebenheit gibt für mich dem Begriff „Erinnerung" im nationalen Sinn einen Inhalt. Ich möchte, daß diese Geschichte nicht vergessen wird, ich möchte nicht, daß die, die damals ihr Leben aufs Spiel setzten, aus der Geschichte des deutschen Widerstandes gegen die Nazis gestrichen werden. Ich verglich den Abend mit dem alten Kommunisten mit meinen täglichen Erfahrungen mit Antikommunismus und schrieb ein Gedicht, das eine laute Stimme in meinem Land mit einer leisen konfrontiert.

Kz-nummer achttausendvierhundertundvierundzwanzig

> *Wie können sie nur mit denen zusammenarbeiten*
> *werde ich gefragt*
> > *radio moskau das bei todesstrafe zu hören verboten*
> > *war hat 1943 listen von deutschen gefangenen ver-*
> > *öffentlicht*
> *wenn die dabei sind geht doch sowieso alles daneben*
> *werde ich gewarnt*
> > *diese leute haben damals die namen aufgeschrieben*
> > *darauf stand ebenfalls todesstrafe*
> *sie machen sich ja unglaubwürdig*
> *wird mir gedroht*
> > *dann schickten sie anonyme briefe an die angehöri-*
> > *gen darauf standen nur zwei wörter ER LEBT*
> *Diese botschaft kenn ich von altersher*
> *es ist die osternachricht*
> *auf deren verbreitung damals*
> *todesstrafe stand**

God is memory, sagen die Prozeßtheologen. Oh-

---

* Aus: Dorothee Sölle, Verrückt nach licht. Gedichte, Berlin 1984

77

ne Gedächtnis, ohne Wissen von dem, was war, werden wir Gott los. Wer sich nicht erinnert, ist gezwungen, das, was er verdrängt, noch einmal zu erleben. Diese Einsicht der Psychoanalyse hat für die Nachdenklichen in den beiden Deutschland eine außerordentliche Bedeutung, ganz anders als im übrigen westlichen Europa. Die tiefste Motivation der Menschen, sich gegen die forcierte Aufrüstung zu wenden, liegt in ihrer historischen Erfahrung. Die Leute, auch die jüngeren, knüpfen an die Erfahrungen von vor 40 Jahren wieder an. Das „Nie wieder Krieg!" taucht mit dem Beginn der achtziger Jahre plötzlich wieder auf, ein nationales, generationen-übergreifendes Bewußtsein ist da, daß wir in diesem Land im Herzen Europas eine besondere Verpflichtung haben, nein zu sagen zur Kriegsvorbereitung, die das Wort „Rüstung" nur verschleiert.

Dieses „Nie wieder Krieg!" verbindet sich mit einem produktiven Gefühl von Schuld und Scham. „Diesmal kann keiner sagen, er habe es nicht gewußt", ist einer der Leitsätze, die in diesen Jahren an Häuserwänden und auf Flugblättern auftauchen. Es ist ein sehr deutscher Satz, ich kann ihn mir in anderen Ländern kaum vorstellen. Er gehört in die Grunderfahrungen meiner Generation hinein. Ich war fünfzehn, als der Krieg aufhörte und habe dann zehn Jahre meines Erwachsenwerdens damit zugebracht, zu fragen: Was habt ihr denn damals getan, Herr Lehrer, Herr Professor, wo wart ihr denn, lieber Vater, liebe Mutter, was hast du denn gemacht während der Zeit? Das war die Grundfrage meiner Generation. Eine Frage, die einen Schriftsteller wie Günter Grass dazu gebracht hat, einen Menschen zu erfinden, der sich überhaupt weigert aufzuwachsen und ein Zwerg bleibt: Oskar, der Trommler. Das ist ein deutliches Symbol dessen, was meine Generation empfunden hat: Wie kann man überhaupt groß werden wollen in einer solchen Welt, mit solchen deutschen Eltern! Die schlimmste Antwort, die wir auf die Frage „Wo warst du?" bekommen haben, war immer wieder dieselbe: „Wir haben das nicht gewußt. Wir hatten leider gar keine jüdischen Bekannten; bei uns auf dem Dorf war es nicht so schlimm; ja, von einem Konzentrationslager haben wir mal gehört, aber da waren ja nur Kommunisten und Verbrecher drin." Dieses Reden, diese Grundlüge der Erwachsenengeneration hat mich ungeheuer bestürzt. Und das ist ein Teil der Arbeit der Friedensbewegung, daß die Leute *das* heute nicht mehr sagen können. Heute kann kein Mensch mehr sagen, er habe nicht gewußt, was die neuen Waffen bewirken, welche Kapazitäten sie haben, warum sie bei uns stationiert werden, was eine Erstschlagsstrategie, was ein *deepstrike* ist usw. Niemand kann behaupten, er oder sie wisse nicht, daß unser Land zum Schlachtfeld eines „begrenzten" Atomkriegs gemacht werden soll! Es ist eines der historischen Verdienste der Friedenbewegung, daß sie wenigstens ins Bewußtsein gebracht hat, worum es eigentlich geht.

Das historische Bewußtsein der reflektierenden, Position beziehenden Minderheit, kann auch von der Mehrheit der anderen, die noch – sei es aus Gleichgültigkeit, sei es aus Überzeugung – militärfreundliche Positionen beziehen, nicht abgeleugnet werden: Alle haben ja erlebt, daß auf Rüstung Krieg folgt. Alle haben sich die Frage „Und was hast du getan, als sie deinen Nachbarn abholten?" zumindest anhören, wenn nicht selber stellen müssen. Es gibt ein gesammeltes moralisches Wissen von der Vergangenheit, das in unserer Sprache, die aus ‚Berg' ‚Gebirge' bilden kann, ‚Gewissen' heißt. In diesem Sinn meine ich, daß es heute in unserem Land eine Minderheit des Gewissen gibt. Diese kognitive Minderheit gewinnt ihre Stärke nicht aus einer simplen anklägerischen Identifikation – als ob alle Deutschen Nazis gewesen wären! Das stimmt nicht und hat nie gestimmt. Wohl aber haben alle Deutschen gewußt oder wissen können, worum es ging. Und deswegen kann die heutige Mehrheit, die der westlichen Propaganda noch anhängt, die Minderheit nicht zum Schweigen bringen.

Die Minderheit des Gewissens erinnert sich und versucht, andere zu erinnern. Sie hat aufgehört, nationale Schuld und kollektive Scham zu verdrängen oder zu bagatellisieren, sie faselt nicht von der „Gnade der späten Geburt". Sie hat das furchtbare Erbe angetreten und es produktiv gemacht als Protest, Verweigerung und Widerstand. Diese Minderheit entwickelt aus der Leidgeschichte von Schuld und Scham eine andere Vision eines befreiten Europa, in dem es erlaubt sein wird, Schwerter zu Pflugscharen zu schmieden.

Der geistige Prozeß dieser Umwandlung der nationalen Scham in Friedenslust, der demütigenden Erinnerung in Kraft, des Wissens oder Gewußthabens in die Bereitschaft zu kämpfen, ist eine wesentliche historische Erfahrung dieser achtziger Jahre, in denen wir jetzt leben. In der Sprache der Religion möchte ich diese neue verwandelnde Kraft eine „Erweckung" nennen; aus dem Schlaf der Abhängigkeit stehen Menschen auf für den Frieden. Alte Wörter – wie Souveränität des Volkes, Heimat, Selbstbestimmung, besetztes oder befreites Gebiet – fallen ihnen wieder ein. Die alten Formen der religiösen Äußerung – wie Flurprozessionen, Aufstellen von Bittkreuzen, Gebetsliturgien – tauchen wieder auf. Gottesdienste werden gefeiert am Stacheldraht, der die neuen Todesanlagen mitten in unserem Land „beschützt", in Mutlangen, Wackersdorf, im Hunsrück und an vielen anderen Stellen. Den glänzenden Waffenschauen von immer schöneren Kampfflugzeugen und atomaren Anlagen werden die Erfahrungen der Geschichte, Fotos von Dresden und Hiroshima entgegengestellt und dieses geschichts-bewußte und handlungsbereite neue Bewußtsein kondensiert sich in einfachen, klaren, unbestreitbaren Sätzen: „Auf-Rüstung folgt Krieg."

Vor etwa fünfzig Jahren schrieb Kurt Tucholsky:

„Man hat ja noch niemals versucht, den Krieg ernsthaft zu bekämpfen. Man hat ja noch niemals alle Schulen und alle Kirchen, alle Kinos und alle Zeitungen für die Propaganda des Krieges gesperrt. Man weiß also gar nicht, wie eine Generation aussähe, die in der Luft eines gesunden und kampfesfreudigen, aber kriegsablehnenden Pazifismus aufgewachsen ist. Das weiß man nicht. Man kennt nur die staatlich verhetzte Jugend." Diese Sätze sind heute nur noch zum Teil wahr, es gibt neben der „staatlich verhetzten" Jugend eine mit einem anderen Verhältnis zur Wahrheit. Die notwendigen Fragen werden gestellt. Die Versuche der Regierung, insbesondere des Verteidigungsministeriums, die Diskussion den Experten vorzubehalten und sie öffentlich abzuwürgen, sind schlicht gescheitert. Und so wenig unmittelbaren Erfolg die Friedensbewegung hatte – die Raketen wurden stationiert und zwar, wie nachträglich selbst konservative Experten zugeben mußten, gänzlich unabhängig von den russischen SS 20* – so darf man doch festhalten, daß diese Bewegung die Inhalte der Diskussion setzt und mit darüber entscheidet, was heute diskutiert wird. Ich nenne hier nur einige der Widersprüche der offiziellen Politik, an denen deutlich wird, wer hierzulande – oft ganz allein – überhaupt die nationalen Interessen vertritt.

* Karl Feldmeyer, Die Wahrheit über die Null-Lösung. Leitartikel in Frankf. Allg. Zeitung, 22. 2. 1986

— Einerseits gilt die Wiedervereinigung noch immer als Ziel unserer Außenpolitik, andererseits ist der östliche Teil Deutschlands amtlich als Schlachtfeld der „Vorneverteidigung" der NATO ausgewiesen.

— Einerseits hat die Bundesregierung im Rahmen ihrer NATO-Mitgliedschaft wesentliche Hoheitsrechte, vor allem den Einsatz von Atomwaffen auf dem Boden der BRD, dem Präsidenten der USA abgetreten, andererseits ist sie ein souveräner Staat.

— Einerseits belaufen sich die Militärausgaben unseres Staates, nach Nato-Kriterien auf etwa ein Drittel des gesamten Bundeshaushaltes (75 Milliarden von 263,9 Milliarden) und es gibt keine Hinweise darauf, daß die Bundesregierung die Militärausgaben in der jetzigen Höhe einfrieren kann. Andererseits hat die jetzige Regierung versprochen, Frieden zu schaffen mit immer weniger Waffen.

— Einerseits wird im Weißbuch 1985 zur Lage und Entwicklung der Nation der Warschauer Pakt im Gegensatz zur NATO nahezu auf jeder dritten Seite als offensiv, gewalttätig oder erpresserisch dargestellt. In diesem Sinne wird auch unsere Jugend informiert.* Andererseits beteuert die Regierung, die Bundeswehr sei „eine Armee ohne Feindbild".

* Weißbuch 1985, Zur Lage und Entwicklung der Bundeswehr, Hrg. Bundesministerium der Verteidigung

Diese und viele andere spezifische Widersprüche lassen sich heute nicht mehr totschweigen. Die Erinnerung läßt sich jetzt nicht mehr knebeln, sie arbeitet an der Vision einer friedlicheren Gesellschaft mit. Die Toten der beiden Weltkriege sind ja auf unserer Seite und warten immer noch auf eine nationale Versöhnung, die nicht im Glanz von Wehr und Waffen stattfinden kann, sondern nur in einer eindeutigen Absage an die Lösung von Konflikten durch Militärgewalt.

Der 8. Mai 1985 war ein Gedenktag, an dem man unter dem eilfertig aufgegriffenen Stichwort der Versöhnung gerade die Fortschreibung des Militärbündnisses zelebrierte. Der Ministerpräsident von Niedersachsen, Ernst Albrecht, erklärte: „Es wird nie Frieden unter den Völkern geben, wenn wir selbst nach 40 Jahren unfähig sind, einander zu vergeben.* In diesem Sätzchen sind die Opfer nicht gefragt, sondern alle werden zu Opfern gemacht; schließlich haben ja alle unter dem Krieg gelitten. Indem wir „einander" – also Deutsche den Angehörigen des westlichen Bündnisses und umgekehrt „vergeben", bescheinigen wir uns, wie gut und friedensfähig wir sind. Von Polen und Russen ist nicht die Rede und der weiteren Aufrüstung steht nichts mehr im Wege!

Ich möchte im Zusammenhang mit dieser billigen Versöhnung an den christlichen Begriff von Versöhnung erinnern, in dem die Erinnerung und

* Bild, 23. 4. 85

der Schmerz einen zentralen Platz einnehmen. Nach traditioneller Lehre stellt Gott das zerbrochene Verhältnis zwischen den Menschen und sich wieder her, aber nur in einer Kooperation mit den Betroffenen, die in der Veränderung ihres Herzens besteht. Es gibt dabei vier Schritte zu tun:

— Erkenntnis der Sünde (recognitio peccati)
— Betrübnis des Herzens (contritio cordis)
— Bekenntnis des Mundes (confessio oris)
— Wiedergutmachung durch tätige Reue.

In diesem Ritual hat die Erinnerung die größte Bedeutung, sie ist die vorantreibende Kraft Gottes, ohne die der Prozeß der Reinigung nicht zum Ziel kommt. Versöhnung ist das tiefste Ziel aller Erinnerung; wer sich nicht erinnert, will sich nicht versöhnen, sondern bestenfalls vergessen.

Im Zusammenhang der Versöhnung der Deutschen mit den anderen Völkern muß die „Erkenntnis der Sünde" vom Blick auf die Opfer geleitet sein. Es ist irreführend, den Nationalsozialismus nur deswegen zu verdammen, weil er totalitäre Herrschaft bedeutet. In dieser Sicht werden die grundlegenden anderen Elemente der faschistischen Herrschaft und Ideologie – vor allem ihr Rassismus und ihr Militarismus – außeracht gelassen. Wirkliche Erkenntnis der „Sünde des Volkes" – von der die Bibel viel mehr zu sagen hat als über die Verfehlungen von einzelnen – geht mit Schmerz und Reue einher über das, was im Namen des deutschen Volkes an Verbrechen begangen worden ist. Wer den Zweiten Weltkrieg auch in nur einem Winkel seines Herzens rechtfertigt, weil er ja gegen die Sowjetunion ging, benutzt die Erinnerung selektiv und schließt sich selber von der von Gott angebotenen Versöhnung aus. Versöhnung braucht den ganzen Weg der Erkenntnis, der Reue, der öffentlichen Rede und der sühnenden Tat. Die Betrübnis der Reue bedeutet nicht eine Sinngebung der Sinnlosigkeit, die Toten sind nicht „für das Vaterland" gestorben; wenn man diesen Ausdruck verwendet, kann man ihn nur auf die im Widerstand gegen den Nationalsozialismus Gestorbenen beziehen: die Märtyrer sind die einzigen, die wirklich für das Land und für das Volk ihr Leben gegeben haben, an ihnen orientiert sich die heutige Vision.

Das Bekenntnis des Mundes macht den Öffentlichkeitscharakter der wirklichen Versöhnung deutlich. Wir müssen einander sagen, was geschehen ist, niemand kann diese Trauerarbeit mit sich allein abmachen.

Anfang der 80er Jahre hörte ich von einigen Kirchengemeinden, die eine Einladung unter dem Titel „Oma, erzähl vom Krieg" aussprachen. Frauen, die lange allzu still über ihre Erfahrungen waren, wurden ermutigt, sie ernst zu nehmen, sie nicht länger als Wegwerferfahrungen zu behandeln. Wenn sie erzählen, so „erkennen" sie und wickeln das Knäuel von Leiden, Ohnmacht und Verschuldung ab, das die Bibel „Sünde" nennt. Das Erzählen ist benannte, gezeigte Trauer und es führt im Gespräch und im Nachfragen ein Stück tiefer in die Versöhnung. Vielleicht haben wir alle zu selten die Großmütter erzählen hören.

Das Bekenntnis und die Wiedergutmachung ist Entfeindung und Ent-Rüstung, d. h. die wichtigsten nationalen Verpflichtungen, die vor uns liegen, wenn wir das Erbe unserer Geschichte endlich annehmen. Dafür ist heute eine neue geschichtliche Chance gegeben. In Heilbronn hat eine Gruppe von Frauen ein Stück der nationalen Erinnerungs- und Versöhnungsarbeit geleistet, die wir alle brauchen.* Diese Stadt wurde am 4. Dezember 1944 durch einen Fliegerangriff fast total zerstört. Nach 1984 wurden die Pershing 2-Mittelstreckenraketen nahe bei Heilbronn gelagert. Daß solche Waffen Angriffsziele sind, braucht den Frauen, die die Vernichtung ihrer Stadt überlebt haben, niemand zu erklären. Sie taten sich zusammen, um ihre Erfahrungen während des letzten Krieges aufzuschreiben. Sie lasen einander vor und hörten Tonbänder miteinander ab. Da tauchten Bilder vom Krieg auf, die man nicht mehr loswerden kann: das kleine Mädchen auf der Flucht, das als letzte auf den Wagen gehoben wird und jedesmal Angst – „die bisher tiefste Angst meines Lebens" – hat, zurückgelassen zu werden in dem „endlosen Treck-Gewühl", zwischen fremden Menschen, Wagen und Soldaten. Oder das Schulkind, dem beim Bombenangriff beide Beine abge-

---

* Heimatfront. Werkstattgruppe der Frauen für Frieden/Heilbronn. Wir überlebten. Frauen berichten. Stuttgart 1985 (Verlag Hans-Dieter Heinz)

rissen wurden und das im Krankenhaus vor seinem Tod um eine Wärmflasche bittet: „Ich hab so schrecklich kalte Füße, ich friere so . . ." Oder die Mutter, die ihre Kinder, vor allem den kleinen Bruder, immer nachts aus dem Schlaf reißen mußte.

In diesem Prozeß der kollektiven Erinnerung veränderten sich die Heilbronner Frauen. Sie merkten, daß es viel mehr Leute gibt, die die Wahrheit wissen, als sie dachten und als die Regierenden ahnen; viel mehr Leute, die sich von der Propaganda, daß es ja nur unserer Verteidigung diene, wenn wir mehr Bomben und besseres Gas in unser Land bekommen, nicht mehr einnebeln lassen. Auf Rüstung folgt Krieg, das hat die Geschichte in 98 % aller Fälle bewiesen, und das kann auch heute nicht einfach aus den Köpfen der Menschen gewaschen werden. Auch die, die den Massenmedien wehrlos ausgeliefert sind, die zu wenig kritische Instrumente, zu wenig Auswahl (oder eben nur die Auswahl zwischen ‚Bild' und ‚Bild der Frau'!) haben, können die einfachsten Tatsachen, wohin nämlich die Überrüstung führt, nicht ganz verdrängen. Sie können den Krieg nicht ganz vergessen. Die Wahrheit des Krieges ist sichtbar und allen zumutbar. In den Berichten dieser Heilbronner Frauen steckt etwas von Wahrheit, die nicht totzuschweigen, nicht wegzulügen ist. Diese Frauen wissen in ihrem Schreiben etwas, das die Mehrzahl unserer Politiker noch nie begriffen oder schnell wieder verdrängt hat: Wer den Krieg von früher vergißt, bereitet den von morgen vor.

5. DAS PROJEKT DES TODES

Errette, die man zum Sterben schleppt
und die auf dem Gang zum Tode sind
ach, hol sie zurück.
Sprüche Salomos 24, 11

Diesen Bibelspruch schickte mir vor zwei Jahren ein Pfarrer und schrieb dazu: „Ich werde jetzt 57 Jahre alt, entschloß mich einmal, unter dem Eindruck eines verbrecherischen Krieges nicht Ingenieur zu werden, sondern als ein evangelischer Pfarrer dem deutschen Volk beim dem ‚inneren' Wiederaufbau zu helfen. Nicht einmal in der Kirche kam es zu einer ‚Umkehr zum Leben'. Ich schäme mich . . ." Dieser Brief enthält genau die deutsche Trauer, die ich in vielen Menschen meiner Generation finde. Es ist Trauer über die vertane Chance, ein von Grund auf anderes Land aufzubauen, Trauer um die verlorene Vision von Menschen, die beschädigt und zuinnerst entsetzt „noch einmal davon gekommen" waren, und nun vom Projekt des Todes fortwollten. Sie wagten die Umkehr, blieben aber oft sehr allein. Viele von ihnen sind sensibilisiert genug, um die uns heute beherrschende Gewalt als Macht des Todes zu erkennen.

„Errette die, so man töten will und entzieh dich nicht von denen, die man würgen will." So übersetzt Luther die Worte aus den Sprüchen Salomos. Ich meditiere diesen Text in Tagen, wo immer mehr Menschen in Südafrika auf dem Gang zum Tode sind. Das Alter der Ermordeten wird immer niedriger; vor Jahren waren es noch die Sechzehnjährigen, auf deren Zusammenrottungen geschossen wurde, heute sind es Kinder von zehn oder elf Jahren. Wenn die Beter in der Bibel Gott anflehten zu erretten, sich nicht zu entziehen, zurückzuholen, so meinten sie nie irgendeine geheimnisvolle, übernatürliche Macht von oben, sondern das wirkliche Geheimnis der Liebe und der Solidarität, die in der Tat wie ein Wunder von außen erscheint. Gott wirkt und handelt in denen, die sich auf die Seite der zum Sterben Geschleppten stellen. Aber in diesem Sommer 1986, wo so viele zum Tod geschleppt werden, blockiert die Regierung meines Landes, zusammen mit Großbritannien und den USA, die einzige gewaltfreie Möglichkeit zu helfen, die es gibt: den wirtschaftlichen Boykott. Unter den fadenscheinigsten Vorwänden – als ginge es der deutschen Geschäftswelt um die durch den Boykott leidenden Schwarzen! – wird die vor dem Zusammenbruch stehende Wirtschaft Südafrikas weiterhin vom Musterschüler der USA in Europa unterstützt – und mehr jugendliche Schwarze werden „zum Sterben geschleppt".

Am 8. Mai 1985 stand ich zusammen mit dem schwarzen Bürgerrechtler Jesse Jackson vor der Gedächtniskirche in Berlin, um vor ca. 35 000 Leuten zu sprechen. „Wer gegen das Dritte Reich war", sagte Jesse Jackson, „muß auch gegen

das Vierte Reich sein." Mit dem „Vierten Reich"
meinte er Südafrika. In diesem Augenblick über-
fiel mich die logische Fortführung seines Gedan-
kens: Wer heute das Vierte Reich in Südafrika unterstützt, muß der nicht auch für das Dritte gewesen sein? Was ist denn aus der Geschichte gelernt
worden, wenn Rassismus, sofern er mit dem großen Kapital verbunden ist, immer noch als eine Art
kleineres Übel ertragen wird? Was bedeutet denn
Demokratie noch, wenn Menschen, die die aller-
einfachste demokratische Forderung „ein Mensch
— eine Stimme" (one man — one vote) aufstellen,
deswegen als Kommunisten behandelt werden?
Und was bedeuten Menschenrechte, wenn angebliche oder reale Kommunisten gebannt, gefoltert
und ermordet werden? Welche Vision der Zukunft
können Politiker und Geschäftsleute, die dieses
Vierte Reich „moderieren" oder „reformieren", vor
allem aber erhalten wollen, dann überhaupt
haben?

Die uns derzeit aus den USA präsentierte und in
Bonn gefügig nachgebetete Vision der Zukunft ist
falsch, weil sie den entscheidenden Kriterien des
konziliaren Prozesses nicht entspricht. Sie kann
die zentralen Themen der wirtschaftlichen Gerechtigkeit; des entmilitarisierten Friedens und
der Erhaltung der Schöpfung nicht artikulieren.
Diese Themen werden als nebensächlich gar nicht
erwähnt. Ein sprechendes Beispiel dafür bietet die
Rede, die Ronald Reagan im Mai 1985 ausgerech-
net in Hambach, einem Ort, der an die besten de-

mokratischen Traditionen der deutschen Geschichte erinnert, an die deutsche Jugend gehalten hat. „Erkennen Sie", sagte der Präsident den sorgfältig ausgewählten jungen Leuten, „daß Ihrem persönlichen Aufstieg keine Grenzen gesetzt sind ... anders als bei Ihren Vettern im Osten." Er forderte die Jugendlichen auf, Unternehmen zu gründen ... „im Zeitalter des Unternehmertums." Daß ein Drittel der Jugendlichen in Westdeutschland keinen Arbeitsplatz in Aussicht hat, viele nicht einmal irgendeine Ausbildungsmöglichkeit, ist ihm sicherlich unbekannt. Zu Reagans Vision gehört die private Lösung gesellschaftlicher Probleme, eine Lösung, die immer auf Kosten der Schwachen geht. Das Ideal des freien Unternehmers wird eingesetzt, um von den realen Problemen der Jugendlichen abzulenken. Die Fragen, die die jungen Leute vorbereitet hatten, durften in Hambach nicht gestellt werden. Die westliche Freiheit wurde in dieser Ansprache weder politisch noch menschenrechtlich definiert, sondern ausschließlich wirtschaftlich.

Das entspricht einer generellen Tendenz innerhalb des westlichen Denkens, das zwar keine Staatsideologie kennt wie der Osten, dessen durch die Medien geprägten Abgrenzungszwänge und Verleugnungen der Realität aber de facto ganz ähnlich wirken; zumindest nehmen Beobachter aus der Zweiten und der Dritten Welt das westliche Denken und Beurteilen als „Ideologie" wahr. Das Verständnis von Demokratie reduziert sich —

jedenfalls in den Vereinigten Staaten – zunehmend auf das System des freien Unternehmertums. Als „demokratisch" gelten die Länder, in denen US-Konzerne ungestört wirtschaften können, ganz gleich, ob die Menschenrechte dort respektiert werden. El Salvador z. B., ein Land, in dem täglich Menschen verschwinden, deren Leichen verstümmelt auf der Straße wieder auftauchen, gilt dem Bonner Ministerium für Wirtschaftliche Zusammenarbeit als „demokratisch" und daher entwicklungshilfewürdig. Antikommunismus wird in diesem Zusammenhang bereits identisch mit Demokratie. Diktatoren und Rassisten werden als Pfeiler der Demokratie hochgejubelt, bloß weil sie alle ihre Gegner zu Kommunisten erklären und verschwinden lassen. Die Behandlung eines kleinen Landes wie Nicaragua in den westlichen Medien ist ein erschreckendes Beispiel für die Ideologisierung der Ersten Welt. Die mit Hilfe der US-Marines installierte Diktatur dauerte über 40 Jahre (1936–1979) und in ihr wurden ungefähr 140 000 Menschen auf bestialische Weise gefoltert und ermordet. Für den überwiegenden Teil der Medien in den USA und Europa waren diese Verbrechen keine Themen; erst seitdem Nicaragua sich in einer sozialistischen Revolution befreite, interessierten sich dieselben Zeitungen und Fernsehstationen plötzlich für Verhaftungen, Verhörmethoden, Verurteilungen und Haftbedingungen der Sandinisten. Was dabei an Übergriffen einzelner Polizei- und Sicherheitskräfte, an

Fehlurteilen und falschen Methoden zutage tritt, ist selbstverständlich zu kritisieren; es steht nur in überhaupt keinem Verhältnis sowohl zu den Morden Somozas an seinem Volk als auch zu den heutigen Menschenrechtsverletzungen der, von den USA bezahlten, Terrororganisationen der Contra.

Welche Vision steht hinter diesen Verzerrungen der Realität, dieser Aushöhlung des Begriffes der Demokratie, diesen Bündnissen mit den skrupellosesten Diktaturen, wenn sie nur den amerikanischen und multinationalen Konzernen bereitwillig zur Verfügung stehen? Die Vision der Supermacht zeigt ihre Innenseite in der Hambacher Rede Reagans; ihre technologisch-militärische Außenseite manifestiert sich im größten Rüstungsprogramm der bisherigen Weltgeschichte, dem „Krieg der Sterne". Es ist unerläßlich, sich mit dieser, den Europäern aufgedrückten Gesamtvision zu befassen, auch wenn viele Wissenschaftler damit rechnen, daß das Großprojekt nicht realisierbar ist und sich als eine Art Groß-flop herausstellen wird. Entscheidend für unseren Zusammenhang — und für die Frage, welche Vision wir als Volk haben — ist der Geist, aus dem die „Strategische Defensiv-Initiative" (SDI) geboren ist, die Werte, an denen sich die Super-Vision der Super-Macht orientiert, ihre kühnsten Träume, nach denen SDI zum größten, alles beherrschenden und alles verschlingenden Projekt der Menschheit werden soll.

Zu ihrer Durchsetzung, ihrer „Akzeptanz", wie

die halbbewußte Duldung von Regierungsverbre-
chen heutzutage gern genannt wird, ist ein massi-
ver Propagandaapparat notwendig, der auf drei
verschiedene Weisen arbeitet: mit Beschwichti-
gung, Drohung und Werbung. Alle drei Gesten der
Propaganda sind angewiesen auf Auslassung und
Verschweigen von Wahrheit, auf Verdrehung von
Fakten und Verleugnung von Bedürfnissen der
Menschen.

Zugleich bemühen die Propagandisten der
technologisch-militärischen Vision eine pseudo-
religiöse Sprache, die ich für äußerst gefährlich
halte, gerade weil sie die Tradition menschheitli-
cher und demokratischer Visionen aus den Vereinigten Staaten pervertierend benutzt. Das Ziel,
den Himmel wie die Erde zu militarisieren, erscheint in religiöser Verklärung als Friedensvi-
sion.

Unsere Beschwichtiger in Bonn sagen angesichts der überdimensionalen Pläne gern, daß
noch nichts wirklich entschieden sei und daß
nichts so heiß gegessen wie gekocht wird, aber dieses Argument ist aus ökonomischen Gründen
schwer haltbar. Die Kosten von SDI werden nach
einer Präsidentendirektive auf 26 Milliarden Dollar für die Zeit von 1985 bis 1990 veranschlagt; die
Gegenschätzung der Forschung *(Union of concer-
ned scientists)* hält das für völlig unrealistisch. Die
Wissenschaftler gehen von mindestens 43,5 Milliarden aus. Dazu nur eine Vergleichszahl aus der
menschlichen Vision der gerechteren Verteilung

der Güter: Nach Berechnungen der Welternährungsbehörde der Vereinten Nationen, FAO, würden bereits 18 Milliarden Dollar ausreichen, um den Hunger aus der Welt zu schaffen. Zur Zeit sterben jährlich 40 Mill. Menschen an Hunger und seinen Folgen. Man beruft sich bei den Beschwichtigern gern darauf, daß die „Forschungsphase", in der wir jetzt sind, von der „Beschaffungsphase" zu unterscheiden sei. Diese Unterscheidung verschleiert aber gerade den Zusammenhang: Wenn in der Forschungsphase so viel Geld ausgegeben worden ist, wird die Beschaffung, die Anwendung unumgänglich notwendig. Der wissenschaftlich-industriell-militärische Komplex ist eine sich selbst weitertreibende Spirale, aus der es nach der Logik des Systems kein Aussteigen mehr gibt. Wer die Forschung bejaht, kommt um die Beschaffung nicht herum.

Ein anderes wichtiges Element der falschen Vision ist der angebliche technologische Fortschritt, der auch für den zivilen Sektor bei dieser Art Großforschung herausspringe. Diese technologische Impulswirkung, der sogenannte *„spin off",* ist aber deswegen trügerisch, weil die funktionellen Anforderungen an Sicherheit und Präzision, die das Militär braucht, für den zivilen Bereich gar nicht nötig sind. Es ist, als konstruiere man eine Büro-Schreibmaschine, die man einfrieren, mit Felsbrocken bewerfen, durch die Wüste schleifen, ins Wasser werfen oder ins Feuer stellen kann – und, oh Wunder! sie schreibt immer noch! In genau diesem Sinn antwortet die militärische Forschung triumphierend auf die Fragen, die niemand gestellt hat. Die für SDI und andere militärische Forschungsprojekte gegebenen Gelder wirken nicht als Impuls, sondern als Bremse für die heute notwendigen Forschungen. Noch nie in der Geschichte hatten Wissenschaft und Militär so viel miteinander zu tun wie heute.

Ein immer noch wachsender Anteil von Forschern und Ingenieuren arbeitet in „militärbezogenen" Einrichtungen, wie es verschleiernd heißt, d. h. für rüstungs- und militärpolitische Ziele oder im Auftrag des Militärs. Dabei mag zwar gelegentlich auch ziviler Nutzen abfallen, aber vor allem und wesentlich trägt die Militarisierung dazu bei, daß andere Bereiche der Forschung und Entwicklung vernachlässigt werden. Inga Thorsson hat für die Sondersitzung zu Abrüstung 1982 im Auftrag der UNO die militärisch orientierte Forschung und Entwicklung studiert. Die Ergebnisse dieses sogenannten *„Thorsson-Reports"* sind:
— Allein die militärische Forschung und Entwicklung verbraucht 25 % der Mittel, die weltweit für Forschung und Entwicklung aufgewendet werden; dieses Viertel entfällt nahezu völlig auf die Industrienationen.
— Auf vier weitere Forschungs- und Entwicklungsbereiche, alle von entscheidender Bedeutung für die Zukunft der Menschheit, entfallen zusammen nur 23 Prozent: Landwirtschaft, Gesundheit, Energie, Umweltschutz.

Dieser Vergleich bezieht sich auf Zahlen aus dem Jahre 1980, also vor SDI. Was für die Spitzentechnologie des Militarismus gut ist, bedeutet für die gesamtwirtschaftliche Forschung keinerlei Vorteile. Was heute im Licht einer nicht-militaristischen Vision der Zukunft zu erforschen wäre, sind nach dem *„Thorsson-Report"* völlig andere Dinge, z. B. Methoden, das Meerwasser zu entsalzen; landwirtschaftliche Programme für arme Regionen, die diese importunabhängig machen; Häuser und Straßen mit den lokalen Ressourcen unterentwickelter Gebiete zu bauen; Erziehung, präventive und konventionelle Medizin.

Die Milliarden, die Rohstoffe und die Intelligenz, die auf die Militarisierung des Himmels konzentriert werden, fehlen uns bei der Humanisierung der Erde, steigern unsere „öffentliche Armut" an Kindergärten, kulturellem Angebot usw. Arbeitsplätze entstehen nur für relativ wenige hochspezialisierte Arbeiter, die auch sonst leicht zu vermitteln sind. Die Gelder, die in das Militarisierungsprogramm der Forschung gesteckt werden, fehlen bei Sozialleistungen für die sogenannten Unbeschäftigbaren und andere in der „neuen Armut".

Die Drohung, mit der die Akzeptanz des Wahnsinns erzwungen werden soll, ist zunächst auf den technologisch-wissenschaftlichen Bereich bezogen. Wenn wir uns nicht an dem amerikanischen Abenteuer beteiligen, führt das zu technologischem Stillstand, Absinken der internationalen

Wettbewerbsfähigkeit und daher zu wirtschaftlichem und sozialem Schaden. Bundeskanzler Kohl z. B. droht mit dieser Abkoppelung und militarisiert somit unser öffentliches Bewußtsein, weil nicht die Notwendigkeit des Kriegs der Sterne begründet wird, sondern nur die positiven Folgen für Forschung und Wirtschaft. Die prinzipiellen Kritiker des SDI-Programms sind nach einer Regierungserklärung (18. 4. 1985) „die gleichen Kräfte . . . die 1983 gegen die Durchführung des Doppelbeschlusses Sturm gelaufen sind" und die sich „heute wieder in einer überzeugenden Weise in vollem Einklang mit der sowjetischen Propaganda befinden." Der alltägliche Antikommunismus läßt es nicht zu, daß jemand aus Vernunfts- oder Humanitätsgründen, z. B. im Interesse der 40 000 Kinder, die jeden Tag an Hunger sterben, gegen SDI ist. Er oder sie muß in vollem Einklang mit der sowjetischen Propaganda sein! Das politische Modell ist reduziert auf die beiden Möglichkeiten, pro-amerikanisch oder pro-sowjetisch zu sein. Für Menschen, die weder das eine noch das andere sind, aber z. B. im Interesse dieser Kinder denken, oder im Interesse des nationalen Überlebens, ist im Denksystem der Servilität gegenüber der Supermacht kein Platz.

Die Werbung für SDI ist in der Tat die gefährlichste Form der Gehirnwäsche heute. Der amerikanische Präsident benutzt die Ängste von Millionen Menschen vor dem nuklearen Holocaust und fängt sie in seiner Vision „Retten statt Rächen" auf! Der Ton dieser Rede ist religiös-werbend: „Im Verlauf dieser Diskussion wurde ich immer fester davon überzeugt, daß der menschliche Geist in der Lage sein müsse, sich darüber zu erheben, mit anderen Nationen und Menschen derart umzugehen, daß man ihre Existenz bedroht . . . Wäre es nicht besser, Menschenleben zu retten, als sie zu rächen? Sind wir nicht in der Lage, unsere friedlichen Absichten zu demonstrieren, indem wir all unsere Fähigkeiten und unseren Einfallsreichtum einsetzen, um eine wirklich dauerhafte Stabilität zu erreichen? Ich glaube, wir können es, ja wir müssen es! . . . Teilen Sie mit mir eine Vision der Zukunft, die Hoffnung bietet! Sie besteht darin, daß wir der schrecklichen sowjetischen Raketenbedrohung mit Maßnahmen begegnen, die defensiv sind."* Die Sprache dieser Werbung für den nächsten Schritt der Militarisierung des Himmels ist religiös: Es ist eine Vision, sie erscheint nicht als „Krieg der Sterne", sondern als „Verteidigungsinitiative", sie appelliert an den Geist vernunftbegabter Wesen, sie verspricht Frieden.

Ich möchte drei Glaubensgrundsätze dieser Religion herausstellen; sie sind absolut verbindlich, wie bei einer aggressiven Sekte – wer sie nicht praktiziert, wird ausgeschlossen aus der Gemeinschaft der wahren Gläubigen. Der erste Glaubenssatz findet sich am Beginn der Rede Reagans vom 23. 3. 83. „Die Verteidigungspolitik der Vereinig-

* Reagan, Fernsehrede vom 23. März 1983

100

ten Staaten basiert auf einer einfachen Prämisse: Die Vereinigten Staaten beginnen keinen Krieg. Wir werden niemals ein Aggressor sein." Dies trotz Korea, Vietnam, Kambodscha, El Salvador, Grenada, Nicaragua ... um nur einige Beispiele zu nennen. Der zweite Glaubenssatz lautet: Die Russen sind Aggressoren. Für sie werden die Wörter „bedrohen", „aggressiv sein", „plötzliche Überraschungsangriffe ermöglichen" usw. benutzt. Diese Einteilung der Welt in Gut und Böse erinnert wieder an die nationalsozialistische Einteilung in Herrenrasse und Untermenschen. Sie ist die Grundlage des Feindbildes. Der einfache Gedanke, den der Rocksänger Sting in einem Lied ausdrückt, darf hier nicht Platz greifen:

„Believe me when I say to you,
the Russians love their children, too
we share the same biology
regardless of ideology.

Es gibt noch einen dritten Glaubenssatz in der Vision der SDI-Befürworter, der aufgeklärter klingt, aber nicht weniger gefährlich ist. Es ist der Glauben an die Allmacht der Technik. Die Priester dieser Pseudoreligion sind Techniker und Wissenschaftler. „Ich rufe die Gemeinschaft der Wissenschaftler, die uns die Kernwaffen gegeben haben, auf, ihre großen Talente der Sache der Menschheit und des Weltfriedens zu widmen; uns die Mittel an die Hand zu geben, um diese Kernwaffen unwirksam und überflüssig zu machen" (Reagan, 23. 3.

83). Vielleicht noch klarer spricht der Astronaut und General James A. Abrahamson, ein MIT-Absolvent und Angehöriger der Airforce, der 49 Kampfeinsätze im Vietnamkrieg geflogen hat und seit 1984 Leiter des wichtigsten Zukunftsprogramms der USA ist. In einem Interview mit der „Welt" sagte er: „Wichtig ist der nationale Wille, auch die internationale Übereinkunft. Man wird sehr bald das Potential sehen, die ungeheuren Möglichkeiten, man wird das auch an den Mitteln sehen, die bereitgestellt werden. Den nationalen Willen betone ich immer wieder. Der kommt noch vor den technischen Möglichkeiten. Wir vermögen technisch alles. Der Westen hat das meines Erachtens immer bewiesen, und eins müssen Sie wissen: Ich bin ein Technologie-Optimist."*

Nur aufgrund dieser drei Glaubenssätze (wir sind gut; sie sind böse; die Technik ist omnipotent) versteht man den Sinn der SDI-Vision: nämlich das Streben der USA, ihre militärische, geopolitische, ökonomische und technologische Überlegenheit abzusichern, wenn nötig in einer apokalyptischen Endschlacht. Das Ziel von SDI ist die Weltherrschaft der USA. Ähnlich wie im Römischen Reich, das die auf Unterwerfung, Ausplünderung, und Terror beruhende Ordnung als „Frieden", als *pax romana* bezeichnete, wird auch heute Weltbeherrschung als „Friede", als *pax americana,* gedeutet.

Eindeutig formuliert Adalbert Bärwolf in der

* Die Welt, Januar 85, Sonderdruck für die Bundeswehr

„Welt": „Amerika spielt seine Trumpfkarte der Technologie aus. Die Ultra-Technologie wird zum politischen Machtinstrument. Amerika ist den Russen auf fast allen Sektoren, die schließlich Strahlenwaffen ausmachen, um Jahre voraus: Supercomputer, Software, Datenverarbeitung, optische Systeme, Sensoren, Mikroelektronik, Robotik, künstliche Intelligenz, Telekommunikation ... Es wird kein „Krieg der Sterne" werden. Es wird ein Sieg der Sterne..."*

Die Sprache der hier zitierten Militärtechnologen dokumentiert ihre Vision. Es ist der durch nichts bemäntelte „Wille zur Macht", von dem Nietzsche, den Vorkriegs-Geisteszustand der europäischen imperialen Mächte auf den Begriff bringend, sprach. Berauscht von den „ungeheuren Möglichkeiten" und den ebenso grandiosen Geldmitteln breitet die technologisch-militärische Elite ihre männliche Vision aus: Macht, Geld, nationaler Wille und Omnipotenz sind ihre höchsten Werte.

Die USA oder zumindest Teile ihrer Bevölkerung werden unverwundbar gemacht; damit bekommen die bei uns stationierten Erstschlagswaffen erst ihren vollen Sinn: Die Vergeltung nach einem amerikanischen Eingriff wird durch die strategische Defensive aufgehalten.

Dieser Sinn „unserer" Pershing 2-Atomwaffen trat während des amerikanischen Bombardements auf zwei libysche Städte im Frühjahr 1986

* Die Welt, Januar 1985, Sonderdruck für die Bundeswehr

klar zutage. Nach einer Pause von über einem Jahr, die durch den Raketenunfall von Heilbronn im Januar 85 erzwungen war, wurden die Mittelstreckenraketen nun wieder herausgefahren, mit atomaren Sprengköpfen besetzt und startbereit gehalten. Falls also die Sowjetunion eingegriffen, sich militärisch zum Schutz der willkürlich Bombardierten eingeschaltet hätte, so wären die auf deutschem Boden stationierten Waffen zum Ersteinsatz gekommen. Dieses Szenario gehört zur Weltherrschaftsvision. Wo immer Verteilungskämpfe entstehen und Völker der Dritten Welt gegen ihre Unterdrücker aufstehen werden, da wird die „Weltmacht Nummer Eins" ökonomisch oder militärisch eingreifen. In diesen Kriegen der Reichen gegen die Armen müssen die Russen atomar so bedroht werden, daß sie nichts tun. Der Ost-West-Konflikt dient als der wichtigste Vorwand, um die Nord-Süd-Herrschaft zu verewigen.

Hat man die Sicherung der Weltherrschaft als Ziel der Initiative verstanden, so erklärt sich auch ein Widerspruch, der zwischen der angeblichen Vision des Friedens durch SDI und der Realität der weiteren Offensivwaffen auf dem Weg zu diesem Endziel besteht. Das Fernziel wird in religiös-pazifistischer Sprache definiert, aber das Nahziel ist die Vermehrung der Offensivwaffen in Europa. Reagan sagte: „Wenn wir unser Ziel der Defensiv-Technologien (also SDI, Anm. d. A.) verfolgen, dann sind wir uns darüber im klaren, daß unsere Verbündeten sich auf unsere strategische Offensivmacht stützen (also Pershings und Cruise Missales, Anm. d. A.), um vor einem Angriff gegen sie abzuschrecken."* Mit andern Worten: Die neue militaristische Vision des Himmels darf auf keinen Fall zur Abrüstung in Europa führen! Reagan spricht sogar offen aus, welcher Widerspruch zwischen dem propagierten Friedensziel von SDI und den Erstschlagswaffen besteht. „Wenn sie (die Verteidigungssysteme) mit Offensivsystemen gepaart werden, dann könnten sie als Nährboden einer aggressiven Politik betrachtet werden und das will niemand."** Die Paarung von SDI mit Offensivwaffen ist in der Tat gefährlich, weil sie einem uralten Mythos, einem männlichen Traum nahekommt: Der stärkste Held ist zugleich unverwundbar. Niemand kann Siegfried, nachdem er den Drachen erschlagen und in seinem Blut gebadet hat, verletzen. Was wird der neue Siegfried, der im Drachenblut seiner von Omnipotenzphantasien berauschten Militärtechnologien badet, tun? Nur die Ideologie, daß die USA keine Aggressoren seien, muß als Beruhigung herhalten. Für Europa bleibt die Notwendigkeit der Offensivwaffen bestehen, das Ziel – der Weltfriede – und der Weg – weitere Aufrüstung – stehen in einem unüberbrückbaren Gegensatz, der mit Hilfe des Techno-Allmachtswahns verschleiert wird. Für Europa bedeutet SDI nicht Schutz, nicht weniger Waffen, sondern die fortgeschrittenste Militarisierung der Gesellschaft, die an der wichtigsten Pro-

* ** Reagan in einer Fernsehansprache am 23. 3. 83

duktivkraft, nämlich der Wissenschaft ansetzt. Wirtschaftsplanung, Gesundheitswesen, Erziehung usw. folgen der Hauptmilitarisierung. Die Priester der Pseudoreligion werden mit Forschungsmöglichkeiten bestochen, von denen die meisten Wissenschaftler nur träumen können.

Dieses Auseinanderfallen von Weg und Ziel, Mittel und Zweck, besseren Waffen und mehr Frieden ist ein charakteristischer Aspekt der Militarisierung des Bewußtseins, dem wir, Bürger der Ersten Welt, unterworfen werden. In fast jeder Friedensdiskussion höre ich den Satz, daß wir doch alle den Frieden wollen und nur in der Wahl des Weges zum Frieden unterschiedliche Vorstellungen haben. Nein, ist meine Antwort auf diese Rede, nicht alle wollen den Frieden. Die Reagan-Administration will nicht den Frieden, den wir in der Friedensbewegung suchen. Nein, der Besitz von mehr overkill-Möglichkeiten ist kein Weg zum Frieden. Nein, der Zweck Frieden heiligt die Mittel der Vernichtung nicht. Die Wahrheit ist, daß die Mittel den Zweck auffressen, wenn sie in einem absoluten Gegensatz zum Zweck stehen. Es gibt keinen Weg zum Frieden, sagte Gandhi. Der Friede ist der Weg. So einfach der Satz klingt, er stellt eine der wichtigsten und selbstverständlichsten Voraussetzungen unseres politischen Denkens in Frage: die Unterscheidung von Zweck und Mitteln. Wenn der Zweck gut ist, so mögen die Mittel unschön, gewalttätig, kostspielig und unvernünftig sein, der hohe Zweck heiligt sie.

Es ist nicht möglich, Alkoholiker durch mehr Schnaps von ihrer Sucht zu heilen. Die Zweck-Mittel-Relation muß zumindest eine Angleichung der Mittel an den Zweck ausdrücken, und das Ziel muß, unter der Perspektive der Zeit bedacht, in jedem Augenblick gegenwärtig und sichtbar sein. Die ständige Verschiebung des Ziels auf später („Wir werden abrüsten, wenn wir genug aufgerüstet haben, um aus einer Position der Stärke heraus verhandeln zu können") ist die Zerstörung des Ziels selber. In dieser Verschiebung wird das *Jetzt* des Friedens, von dem aus Gandhi denkt, verleugnet. Die Idee, einen „Weg zum Frieden" zu finden, der selber unfriedlich ist, ist kontraproduktiv. Der Friede i s t der Weg zum Frieden, und wenn, wie es in der Strategie der Abschreckung geschieht, Weg und Ziel, Mittel und Zweck einander widersprechen, so geschieht eine von den naiven Leuten, die „doch den Frieden wollen", zunächst unbemerkte Veränderung des Ziels. Den Zynikern der Macht ist dies natürlich klar; es geht ihnen um „Sicherheit". Sie haben keinen Begriff von Frieden, der über die Sicherung ihrer Interessen hinausginge. Eine der vielen von Orwell vorausgesagten Sprachveränderungen der letzten Jahre ist die Zerstörung des Wortes „Frieden" durch die Regierungspropaganda, die dem Frieden heute die Wörter „und Sicherheit" zufügt; nackt und allein darf der Frieden nicht mehr herumlaufen . . .

Was die beiden Supermächte wollen, kann höchstens „Sicherheit" heißen, nicht aber Frieden

— und zu dieser Deutung der amerikanischen Aufrüstungspolitik gehört schon sehr viel guter Wille. Von einer Kritik der Rhetorik aus betrachtet, sind „Frieden", „Sicherheit" und „Weltherrschaft" (im Sinne von „superiority", „being number one again") Versatzstücke in drei verschiedenen Sprachspielen, die für eine bestimmte Zuhörerschaft präpariert werden. Aber eben diese belogenen Massen begreifen zunehmend, daß die dem Frieden feindlichen Mittel dieses Ziel bis zur Unkenntlichkeit verändern: Aus dem Frieden, den wir miteinander auf der einen Erde wollen, wird die Sicherheit, die wir voneinander und gegeneinander kaufen.

Die Verwechslung von Frieden mit Sicherheit ist in unseren gewaltförmigen Verhältnissen eine Alltagserfahrung: Der Justizfrieden, der Schulfrieden, der Ehefrieden — sie alle degenerieren unter der Anwendung gewalttätiger Mittel zur Sicherheit. Das Mittel der Gewalt, die in Zwang, Erpressung und Kontrolle herrscht, zerstört das Ziel und macht sich selber immer mehr zum alleinigen Ziel. Dabei wird die Sicherheit, die wir vermeintlich eintauschen, wenn wir auf wirklichen Frieden verzichten, zunehmend neurotisiert: Das Bedürfnis danach wird unersättlich, man kann nie sicher genug sein. Wenn eine Frau, ihres Partners ungewiß, ständig hinter ihm her telefoniert, so hat sie das, was sie vielleicht immer noch Liebe nennt, längst eingetauscht gegen ihr Sicherheitsbedürfnis. Ihr Wunsch nach einer kontrollierbaren Beziehung ist neurotisch. Es gibt, so läßt sich Gandhi interpretieren, keinen „Weg zur Liebe" — die Liebe ist der Weg.

Der sekundäre Wert „Sicherheit" hat den primären „Frieden" aufgesogen, und genau das ist es, was sich die Bourgeoisie noch unter Frieden vorstellt: Sicherheit. Sie gibt sich entsetzt über die rhetorischen Fehlgriffe der Reagan-Administration, das Gerede vom begrenzten und gewinnbaren Atomkrieg, und wählt einen mittleren Weg: die Sicherung des Zustands, in dem wir leben, eines Zustands, der längst Krieg bedeutet, zumindest für die Zehntausende, die täglich in ihm fallen. Mit *wirklichem* Frieden meine ich Versöhnung der Konfliktpartner, nicht ihre Militarisierung, mehr Gerechtigkeit in den Handelsbeziehungen zwischen den Armen und den Reichen und endlich Frieden mit einer ausgeplünderten Natur, für die der Satz „Wir vermögen technisch alles" ein Todesurteil ist, die Anmaßung des Menschen dem Leben selber gegenüber. Man verdreht die Sehnsucht der Völker und zerstört sich selbst, wenn man das Bedürfnis nach Frieden, wie es von den biblischen Propheten artikuliert wurde, gänzlich eschatologisiert: als sei Frieden nur am Ende aller Zeiten zu haben. Das Geheimnis der „Eschatologie" genannten Lehre von den letzten Dingen ist gerade, daß die „letzten Dinge" unsere Endlichkeit, unser Sterben, und das Kommen der messianischen Zeit, hier und jetzt unsere Gegenwart bestimmen. Daß der Löwe neben dem Lamm weidet, hat durchaus konkrete und gegenwärtige Bedeutung – oder ist es schon zuviel verlangt, sich vorzustellen, daß die USA neben den Bewohnern der Pazifischen Inseln Fischerei betreiben? Ist es wirklich illusionistisch, das kleine Kind neben der Höhle der Otter spielen zu lassen und sich eine amerikanische Regierung vorzustellen, die das sandinistische Experiment vor ihrer Haustür duldet und eine Bundesregierung, die im Interesse der in Sandkästen spielenden Kinder alle Atomreaktoren abschaltet?

6. GOTTES ZUKUNFT

Weh dem, der zum Vater sagt:
Warum hast du mich gezeugt?
und zum Weibe: Warum gebierst du?
So spricht der Herr, der Heilige in Israel
und ihr Bildner:
Ich habe die Erde gemacht
und den Menschen darauf geschaffen
Meine Hände haben den Himmel ausgespannt,
ich habe all seinem Heer geboten.
Ich habe ihn erweckt in Gerechtigkeit
und alle seine Wege will ich eben machen
Er soll meine Stadt aufbauen
und meine Gefangenen loslassen
ohne Kaufpreis und nicht um Geschenke
spricht der Herr der Heerscharen.
  Jesaja 45, 10–13

Es gibt heute ganze Schulklassen, die verwirrt und fassungslos vor den Fotos und den Dokumenten von Bergen-Belsen stehen. Wie konnte das geschehen? fragen sie. Manchmal denke ich, daß am Ende des Jahrhunderts etwas Ähnliches möglich sein wird; ganze Schulklassen, die vor den Fotos des Hungerelends in Indien oder Afrika stehen und fragen: Wie konnte das geschehen? Wie konnten die – gemeint sind: wir – das alles ertragen und immer weiterrüsten? Wie konnten die Leute das eigentlich zulassen?

Ja, wie denn? Wie gehen wir denn mit den Terrornachrichten um, die täglich auf uns einschlagen; wie halten wir's denn, wenn wir von der ärztlichen Empfehlung hören, Kinder wegen der Schwermetalle in der Muttermilch nicht länger als vier Monate zu stillen? Wie leben wir denn im Alltag unter dem Projekt des Todes, das uns beherrscht? Welchen Platz in unserem Denken und Fühlen räumen wir der Frage nach der Gerechtigkeit — und das ist die Frage nach Gottes Zukunft — denn ein? Es genügt ja nicht, das Elend benennen zu können und über ein angehäuftes Katastrophen-Wissen zu verfügen. Ein Wissen, das nicht in unser Verhalten eintreten kann, trägt nur zu unserer Lähmung bei. Die geistige Situation der aufgeklärten Mittelklasse in der Ersten Welt (ich folge hier dem Sprachgebrauch der lateinamerikanischen Intelligenz, die im Sinne eines revidierten Marxismus ganz unbefangen von Mittel-„Klasse" sprechen), zu der vermutlich auch die Leser dieses Buches gehören, läßt sich so beschreiben, daß wir *overeducated* und *underpowered* sind. Wissen bedeutet uns nicht, wie in der Arbeiterbewegung des 19. Jahrhunderts, Macht, sondern tiefere, bittere Ohnmacht. Sich der eigenen Lage bewußt zu sein, national und international, hat bei uns ein Moment verzweifelter Drogenabhängigkeit: Wir überbieten einander an Katastrophen-Wissen. Wissen ist zwar notwendiger denn je, weil man radioaktive Strahlen nicht hört, sieht, schmeckt oder riecht, aber unser Wissen schmeckt nur nach Tod. Diese Situation der Ohnmacht, der alltäglichen Machtlosigkeit gegenüber Tieffliegern, verstrahlten Pilzen und apartheidsverseuchtem Obst aus Südafrika ist unerträglich und zwingt uns zu verdrängen. Lieber leugnen wir das Wissen und stellen uns tot, als daß wir die eigene Ohnmacht ertrügen. Selbst die, die politische Verantwortung tragen und Macht ausüben, erfahren z. B. in den elementaren Fragen der „Sicherheits"politik ihr Souveränitätsdefizit und flüchten in die Verdrängung von Realität.

Selbstaufgabe, Projektion und Verleugnung scheinen mir die drei meistverbreiteten Antworten auf das Projekt des Todes, unter dem wir leben. Selbstaufgabe ist vielleicht das sichtbarste Zeichen des Krieges nach innen. Es gibt Menschen unter uns, die wie die Juden im babylonischen Exil nach Jesaja zum Vater sprechen: „Warum zeugst du?" und zum Weib „Warum gebärst du?" Ich denke an erschreckende Phänomene der Selbstaufgabe, der Absage an die Möglichkeit des Lebens, so, wenn in manchen Frauengruppen ein „Gebärstreik" diskutiert wird, eine verständliche Reaktion auf den Krieg, in dem wir leben, aber doch eine verzweifelte Absage an das Leben und seinen Urgrund. Da wird eine Option für das Nicht-leben ergriffen, die zwischen dem Projekt des Todes, das von seinen Befürwortern ungebrochen und selbstgewiß vorangetrieben wird, und dem Projekt des hoffenden und kämpfenden Lebens eine merkwürdige Zwischenstellung einnimmt; es ist die Stellung der gelähmten Opfer, die überwältigt von der Macht der omnipotenten Zerstörer („Wir ver-

mögen technisch alles", General Abrahamsson)
diese ins Leere laufen läßt, und sich radikal ver-
weigert. Aber diese Art von Radikalität kommt
über das Nein nicht hinaus und manifestiert angesichts der Macht nur die Ohnmacht, nicht die
Macht der Machtlosen.

In Aachen haben im Mai 1985 vier Jugendliche
kollektiven Selbstmord begangen. Ein Siebzehn-
jähriger schrieb in einem Abschiedsbrief:

> *„Das Leben hier auf Erden ist einfach blöde, nur Zeitver-*
> *schwendung . . . Die Menschen bauen Bomben, obwohl sie*
> *schon so viele haben. Die Menschen denken nur ans Zerstö-*
> *ren. Denken sie auch mal an die Tiere oder Bäume? Nein.*
> *Oder die Flüsse und unsere Luft? Ich will ins Paradies . . .*
> *Mama und Papa. Ihr wart echt die besten Eltern der Welt,*
> *seid nicht traurig, okay? Wir werden uns ja alle wiedersehen.*
> *Bis dann also, Euer Bohne*
> *P. S. Jörg Heinrich, du kriegst meine Kassetten und mein*
> *schwarzes Käppi. Leb wohl."**

Der zweite Jesaja in der babylonischen Verban-
nung hat vermutlich ebenfalls Menschen vor Augen, die keinerlei Vision für ihr Leben haben. Ihrer
Selbstaufgabe gegenüber erinnert er an den
Schöpfer allen Lebens, um dann auf den Träger der
Hoffnung – hier den persischen König Cypros –
hinzuweisen. Was soll diese Erinnerung an den
Schöpfer angesichts einer Verzweiflung, die das
natürliche Gefühl der Dankbarkeit gegen die, die
uns das Leben gegeben haben, ersetzt durch die

---

* Vgl. „Ein generelles Gefühl der Verzweiflung", in TAZ, 24. 5. 85

Anklage, die das Leben selber als Unglück und seine Geber als Toren ansehen muß? Einige Ausleger vermuten, daß die Mutter in diesem Text nicht genannt und durch den generellen Ausdruck „das Weib" ersetzt wurde, weil die Gotteslästerung — gegen die eigene Mutter — als unaussprechlich angesehen wurde. Der Hinweis auf den Schöpfer, dessen Hände den Himmel ausgespannt haben, enthält den biblischen Grundgedanken, daß alles, was geschaffen ist, „sehr gut" sei, zum Leben in der Fülle geboren; ja, daß Leben selber ein Glück, ein Gut, ein „Schön" (wie man das „gut" des Schöpfungsberichtes auch übersetzen kann) sei; wert, geliebt und beschützt, erhalten und gefördert zu werden. Seine Eltern zu verfluchen — und dies nicht aus psychologischen Gründen, sondern aus dem ontologischen Grund, weil sie es gewagt haben, das Leben weiterzugeben — ist in der Tat ein Angriff auf diese Grundeinstellung zum Leben. Es ist ein Versuch, die Schöpfung zurückzunehmen, wenigstens an einem Punkt, sie als Entartung zu verwerfen. Den Söhnen und Töchtern eines „Volkes ohne Vision" sind diese tief schöpfungsfeindlichen Tendenzen fast selbstverständlich.

Es gibt andere, weit gefährlichere Formen, mit der Krise umzugehen; die meistverbreitete ist die Ableugnung dessen, was ich Krieg — gegen die Schöpfung, die Armen und uns selber — genannt habe. Zum großen Teil funktioniert diese Verleugnung der Realität ganz unbewußt: Das, was bedrohlich, beängstigend, verstörend wirken könnte, wird gar nicht wahrgenommen. Wenn es ein Kennzeichen des homo sapiens ist, sich an die Namen seiner Großeltern zu erinnern und sich um das Schicksal seiner Enkel zu sorgen, dann nimmt die Realitätsverleugnung und die Abschiebung von Verantwortung für das Andenken an die vor uns und die Vorsorge für die nach uns schon beängstigende Ausmaße an; der staatlich verordnete Daueroptimismus geht einher mit einer Hetze gegen die „Panikmacher", „geistigen Verführer" oder „Seelenvergifter". Aldous Huxley hat diesen Zustand, in dem Menschen sich so willig belügen lassen, in „Schöne neue Welt" (1932) beschrieben. Die im Reagenzglas befruchteten Menschlinge werden vom Beginn ihrer Entstehung an in einer Art von Wohlgefühl gewiegt, die ihnen die eigene als die beste aller möglichen Situationen erscheinen läßt. Wie schön ist es, so wird ihnen unter sanfter Musik eingeträllert, ein Beta zu sein; wie schrecklich wäre es, ein Alpha zu sein, wie gut, daß ich kein Gamma bin! Diese Melodie ist auch in unserm Land so lange gespielt worden, daß jede Kritik auf massive Abwehr, Ableugnung der Realität und gewollte Ignoranz stößt. Ich befürchte, ein Stück dieser Ableugnung der realen Gefahren steckt in jedem Menschen.

Eine Freundin von mir fragte vor kurzem in einer Runde leitender Herren im Restaurant, was sie denn nun nach Tschernobyl äßen. Sie beobachtete zwei Antworten, eine verbale unwillige, es sei doch alles wieder freigegeben. Die Abwehr war

116

eindeutig. Aber daß alle diese Männer den Salat stehen ließen, ist eine andere, eine nonverbale Antwort auf die Frage. Sie versuchten — wie wir alle —, sich privat zu schützen, aber nicht darüber zu reden, weil das möglicherweise eine politische Äußerung wäre, nach der man für „links" gehalten werden könnte. Diese Widersprüche zwischen Vermuten und Ignorieren, Wissen und Ableugnung, Ahnen und Nicht-wissen-wollen, sind aus der Nazizeit bekannt genug, es bedarf aber nicht der Mittel der Diktatur, um sie hervorzurufen.

Eine andere Reaktion auf das Projekt des Todes ist die Verschiebung des Problems auf „die andern", die psychische Projektion. Tschernobyl war nur ein sowjetrussisches Problem! Erziehung zum Haß gegen die Feinde findet nur in der DDR statt! Die vulgäre Form dieser Projektion ist die Aufforderung an die Kritiker unseres Systems, doch „nach drüben" zu gehen. Einmal schickte mir eine Frau mit einem gehässigen Brief eine Fahrkarte nach Ostberlin! Aber das Schema der Projektion funktioniert auch sehr viel subtiler, z. B. in der Forderung, doch „ausgewogen" in Darstellung und Analyse zu sein. Ich wette, daß manche Leser dieses Buches die Erwartung haben, daß nach dem Kapitel, das die Vision des Todes im Westen darstellt, eins folgen müßte, das eine von den gleichen Wertmaßstäben getragene Analyse der Realität im Osten vorstellt. Diese Leseerwartung muß ich enttäuschen. Nicht, weil ich den Stalinismus verschweigen, den russischen Einmarsch in Afghani-

117

stan oder die Knebelung der polnischen Arbeiterbewegung beschönigen wollte, sondern weil ich
prinzipiell das zugrundeliegende Zweiermodell,
das West- oder Ostdenken für eine absurde Zumu-
tung und Flucht aus der Realität halte. Der von unseren Medien vielfach ausgeübte Zwang zur Zwei-
seitigkeit zerstört jede Form eines existentiellen
Denkens, in das ich mich einüben will, das ich aus
religiösen Gründen für unerläßlich halte. „Was
siehst du aber den Splitter in deines Bruders Auge,
und wirst nicht gewahr des Balkens in deinem Auge?" (Matth. 7, 3). Gott wird mich im Jüngsten Ge-
richt nicht fragen, ob ich für den Westen oder für
den Osten war, sondern wie weit ich mich gerecht
verhalten habe. Es ist durchaus möglich, daß es
Länder mit noch mehr Unfrieden im Miteinander,
mit den Gegnern und mit der Natur gibt, aber diese vergleichende Beobachtung lenkt ab von der
zentralen Qualität, die dieses Land, ob besser oder
schlechter, vor andern Ländern hat: Es ist mein
Land, es ist unser Land. Selbst wenn wir auswan-
dern, entrinnen wir ihm nicht, die Frage „Woher
stammst du?" läßt sich nicht abschaffen. Erst recht
läßt sich die Verantwortlichkeit für das Gemein-
wohl dieses Landes, für ein demokratisches Bewußtsein nicht delegieren und ich wittere im Me-
dienzwang zur Zwei- oder Mehrseitigkeit eine an-
tidemokratische Tendenz − weg von der Verantwortung demokratischer Bürger, hin zu einem all-
gemeinen Stammtischgejammer über den überall
unabänderlich schlechten Zustand der Welt!

Meine wichtigste Frage an mein Land ist, wie weit es in ihm möglich ist, Hungernden zu essen zu geben, Gefangene zu besuchen, Kranke zu heilen, Verzweifelte zu trösten und Gerechtigkeit zu realisieren. Oder wie weit all diese Dinge verboten sind, weil sie in den Gesamtplan gewalttätiger Technologie und Militarisierung nicht passen.

Die den Europäern aufgezwungene Zwangseinteilung in Ost oder West bedeutet die Negation nicht nur Mitteleuropas als einer gewachsenen historischen Einheit, sondern Europas überhaupt. Es ist Zeit, diese Zweierlogik zu überwinden und die europäische Situation „blockfrei" zu denken. Zur Vision der Europäer gehört heute die Europäisierung der Politik und ich denke, wir in Westdeutschland haben eine Mitverantwortung für die mitteleuropäischen Träume, die heute in Warschau, Budapest und Prag geträumt werden. Es geht dabei nicht um die schon lange zur rhetorischen Phrase verkommene Wiedervereinigung; sie wurde unter Adenauer verspielt; wohl aber um die nie begrabenen Hoffnungen der europäischen Völker auf ein neutralisiertes, unabhängiges Europa, in dem verschiedene Gesellschaftssysteme miteinander leben können ohne Angriffsfähigkeit.

Noch sind wir von dieser Europäisierung der Europäer weit entfernt. Ich erinnere mich an einen amerikanischen Zeitungsartikel, den ich kurz nach der letzten Bundestagswahl las. Die Westdeutschen standen, so der Kommentar, vor der

Wahl „für die Russen" oder „für die Amerikaner".
Ich empfand das als eine nationale Verunglimp-
fung und Beleidigung — als hätten wir keine eigenen Entscheidungen, keine eigene Geschichte,
keine eigene Zukunft. Wie groß muß die nationale
Selbstvergessenheit sein, wenn auch bei uns konservative Kreise unsere nationalen politischen
Entscheidungen ausschließlich in supranationa-
len Kategorien beschreiben? Welcher Ausverkauf
an die Supermächte muß da schon stattgefunden
haben! Natürlich gibt es erbitterte Kämpfe, die wir
in Europa traditionell mit den Richtungswörtern
„rechts" und „links" angegeben haben. Aber wieso
soll eine Linke darauf aus sein, „die Russen" zu
wählen?! Weil sie auf der Priorität der Arbeit vor
dem Kapital insistiert, — wie der Papst!? Weil sie
die Zweidrittelgesellschaft, in der ein Drittel der
Bevölkerung als unbeschäftigbar abgeschrieben
wird, bekämpft? Weil sie eine andere Vorstellung
von Entwicklungspolitik hat als die, die vor allem
in die eigenen Taschen zu Nutzen der westdeutschen Industrie und des Kapitals wirtschaftet?
Und weil sie schließlich eine andere europäische
Vision von Energiepolitik und Technologie entwickelt hat — inwiefern bedeutet das die Russifi-
zierung Westdeutschlands? Heute entwickelt die
Linke ein aus den Wurzeln der Geschichte ge-
wachsenes, von Schuld und Scham geprägtes,
nicht-naives Verständnis von Nation. Welch unge-
heure Arroganz der Macht drückt sich in dem
zwangsbinären Denken der sich für Alles halten-

den Großmächte aus! Ich gehe davon aus, daß es in der Sowjetunion und unter ihren Satelliten ähnliche primitive und verzerrende Reduktionen gibt. Aber seit wann und unter welchen geopolitischen Zwängen könnte das eine Rechtfertigung für uns sein, es genauso zu machen?! Nur in den von den Supermächten besetzten Gehirnen entsteht ein solches binäres Denken: Je mehr es sich verselbständigt, desto leichter verschlingt es den Begriff der Region und den der Nation. Es gaukelt uns ein falsches Weltbürgertum vor, das sich auf Tourismus und Konsum gründet, nicht auf die Gerechtigkeit, die die Unterdrückten suchen. In diesem Prozeß wird die „Wahl", die angeblich zwischen den beiden Großmächten sein soll, immer weniger relevant: Beide haben mehr gemeinsam, als sie zugeben wollen – eine schöpfungsfeindliche Großtechnologie, die durch den beiderseitigen Militarismus verlangt und gefördert wird.

In ihrem gesellschaftlichen Inneren haben sie das Patriarchat gemeinsam, jene Versammlung leitender älterer Herren, die in Wirtschaft, Rüstungsindustrie und Wissenschaftsmanagement das Sagen haben. Diese Machteliten sind nicht zufällig fast vollständig „frauenrein". Die patriarchalen Werte dieser Führungsgruppen sind Unabhängigkeit, Herrschaft und Macht. Unabhängig von allen anderen zu sein ist das Ideal, weil Macht kleiner wird, wenn man sie teilt. Das Gewebe des Lebens, seine Interdependenz kommt nicht in den Blick. Eine Siegermentalität bildet sich heraus. Innerhalb dieser männlichen Technokultur gibt es nur zwei Rollen, entweder bist du *winner* oder *looser*; ein gewaltfreies Miteinander kann aus der zerstörerischen Halbierung der menschlichen Gattung nicht kommen. Das ökopazifistische Projekt kann sich nur realisieren, wenn es das feministische Denken integriert: Macht wird größer, wenn sie geteilt wird; abhängig zu sein von den anderen gehört zum Leben von der Geburt an und realisiert sich in Gegenseitigkeit; Herrschaft ist ein lebensfeindliches Element der Gewaltkultur.

Die Botschaft Jesu enthält eine Reihe von Zügen, die das Denken, für das Macht, Rang, Privileg und Herrschaft die wichtigsten Kategorien sind, radikal kristisiert. Ich denke z. B. an Jesu Verhalten zu Kindern und die Geste, mit der er den in den Kategorien des Patriarchats befangenen Jüngern, die miteinander um die Macht konkurrieren, ein Kind gegenüberstellt.

Und sie kamen nach Kapernaum. Und als er ins Haus eingetreten war, fragte er sie: Was habt ihr unterwegs verhandelt? Sie aber schwiegen; denn sie hatten sich unterwegs miteinander besprochen, wer der Größte sei. Und er setzte sich und rief die Zwölf und sprach zu ihnen: Wenn jemand der Erste sein will, sei er der Letzte von allen und der Diener von allen! Und er nahm ein Kind, stellte es mitten unter sie, liebkoste es und sprach zu ihnen: Wer ein solches Kind um meines Namens willen aufnimmt, der nimmt mich auf; und wer mich aufnimmt, der nimmt nicht mich auf, sondern den, der mich gesandt hat.
Markus 9, 33–37

Die Jünger in dieser Geschichte denken im Sinne patriarchaler Rangordnung, in der ein Kind ein unbedeutendes, „geringes" Wesen ist. In der gesamten Tradition der klassischen Antike verdankte das Kind seine Existenz nicht der Geburt aus seiner Mutter, sondern erst der rechtlichen Annahme durch den Vater, der nach römischem Recht über sein Leben oder Tod, Annahme oder Aussetzung zu entscheiden hatte. Diese Tradition ist bis heute nicht aus der Welt verschwunden. Der amerikanische Jesuitenpater Daniel Berrigan hat immer wieder darauf hingewiesen, daß der Kindermord des Herodes heute durch *Trident Submarine* oder andere Massenvernichtungsmittel begangen wird. Die Entscheidung der Militärs und Politiker für die ungehinderte Eskalation der Aufrüstung entspricht der patriarchalen „Aussetzung" von 40 000 Kindern, die pro Tag verhungern. In unserm Lebenszusammenhang verkörpert der militärisch-industrielle „Vater", dessen wichtigstes Symbol, die Bombe, phallische Gestalt hat, die Macht, Kinder auszusetzen oder sie dem Verhungern preiszugeben. Als Machtlose haben die Kinder keinen Anspruch auf Überleben.

Für das Judentum hat diese unumschränkte, im römischen Recht gegebene *patria potestas* nicht existiert, in ihm war weder das Töten noch das Aussetzen von Kindern erlaubt, weil grundsätzlich alle Kinder, vor allem freilich Söhne, als Segen Gottes galten.* Trotzdem hat die wirtschaftliche Situation der kleinen Leute in Palästina zur Zeit

Jesu für die Kinder das größte Elend bereitgehalten. Zur Tilgung der Schuldverpflichtung gab es die Einrichtung der Schuldknechtschaft, bei der Menschen an Gläubiger verkauft wurden, oft die ganze Familie, aber auch – und in den letzten Jahrhunderten der Antike zunehmend – die Kinder einer Familie, die so auf den Sklavenmarkt geworfen wurden. Wenn sie von den Händlern abtransportiert wurden, war es unmöglich, sie zurückzukaufen! Daneben gab es natürlich zahlreiche unversorgte, auf den Straßen bettelnde Kinder, Waisen oder von ihren Eltern Verlassene, auf die Jesus sich in diesem Text bezieht. Wie die biblischen „Armen", die Zöllner, die Dirnen, so sind auch die Kinder – in der eigenartigen Umkehr der Werte, die das ganze Evangelium trägt –, die, die dem Reich Gottes zugehören, die, die Gott liebt. In den bettelarmen urchristlichen Gruppen der Jesusnachfolge wurde die Umkehr der Werte eingeübt und als wichtigste Voraussetzung des gewaltfreien Lebens der Machtverzicht gelebt. Zum Machtverzicht werden die Jünger durch das Kind in ihrer Mitte eingeladen, zur Umkehr vom Weg der Konkurrenz und der Stärke auf den Weg der Gegenseitigkeit und Hilfe.

Auch unsere Vision eines gerechteren Gemeinwesens und eines friedlicheren Europas kann sich nicht an der Macht und den Supermächten orien-

* Wolfgang Stegemann, Lasset die Kinder zu mir kommen, in: W. Schottroff u. W. Stegemann, Traditionen der Befreiung. Sozialgeschichtliche Bibelauslegungen, München 1980

tieren. Unser Vorbild kann nicht die gegenwärtige Weltmacht USA sein; der Amerikanismus in Westdeutschland ist ja gerade das Problem eines kolonialisierten Landes, das die Werte des Kolonialherren — Politik der Stärke, Gewaltandrohung, Arroganz der Macht — übernimmt. Eher sind heute die kleinen europäischen Völker attraktiv für uns: das schwedische Gefängniswesen, eine holländische Fernsehtoleranz, die österreichische Armee, ein finnischer Warenaustausch mit der Sowjetunion, um nur einige Beispiele zu nennen. „Small is beautiful", dieser Grundsatz gilt nicht nur für Technologien, sondern auch im politischen Sinn. Machtverzicht ist eine Bedingung für die Herstellung von mehr Gerechtigkeit und offenbar sind die kleineren Staaten — wie Schweden oder Holland — weniger eng an das Projekt des Todes gebunden.

In einem Psalm wird Gottes Zukunft so beschrieben:

„Ja, seine Hilfe ist nahe denen,
die ihn fürchten
daß in unserm Land die Herrlichkeit wohne
Gnade und Treue begegnen einander
Gerechtigkeit und Friede küssen sich
Treue sproßt auf aus der Erde
und Gerechtigkeit schaut hernieder vom Himmel
dann spendet der Herr auch den Segen
und unser Land gibt seinen Ertrag
Gerechtigkeit geht vor ihm her
und Heil folgt der Spur seiner Schritte."
    Psalm 85, 10–14

Die Bilder des gewaltfreien Umgangs miteinander sind zu tief in den Menschen angelegt, als daß sie ganz verleugnet werden könnten. Die Sehnsucht danach, endlich das Ende der Schere zwischen Hunger bei den Vielen und Militarismus bei den Wenigen zu sehen und der Wunsch nach Frieden mit der Erde, spricht sich hier im Psalm im Bild des Festzugs aus, in dem Gerechtigkeit vorangeht, das Land in der Mitte des Festes lebt und der Segen, das Glück ihm nachfolgt. Es ist eine Vision vom Macht- und Gewaltverzicht, der die „gerechte", d.h. den Bedürfnissen der Menschen angemessene Verteilung zur Grundlage macht, auf der Friede und dann Segen beruht. Daß Gerechtigkeit und Frieden einander „küssen", entspricht der biblischen Vorstellung vom Frieden, der nicht auf Waffengewalt und Kriegsvorbereitung beruht wie die imperiale Vorstellung der *pax romana*, sondern eben auf einer anderen, an den Armen, den Schutzlosen, den Verwaisten orientierten Ökonomie.

Wir, die wir zwischen Verdrängung der Realität und Ohnmacht hin und her schwanken, brauchen solche Visionen der Zukunft Gottes. Unsere Ohnmacht und Verdrängung steigern einander: Weil wir uns ohnmächtig glauben, müssen wir vorgeben, nicht zu sehen, und weil wir unsere Anstrengung in diese Verdrängung stecken, haben wir keine Energie mehr frei, die Ohnmacht zu überwinden und im Sinne der biblischen Vision zu handeln. Die freiesten Menschen in unserem Land sind in der Tat die, die im Widerstand gegen die Götzen des technologischen Fortschritts und der militärischen Allmacht handeln, ohne verdrängen zu müssen. In diesem Zusammenhang ist die Bibel für viele Gruppen immer wichtiger geworden. Nicht sie ist uns, sondern wir sind ihr immer näher gekommen, weil unsere reale Situation als Minderheit in einem gewalttätigen Imperium lebend, heute mehr Ähnlichkeit mit der Situation des Neuen Testaments hat. Das Verhalten der ersten Christen in diesem Imperium der Ausbeutung und permanenten Kriegsvorbereitung wird immer einleuchtender für uns. Wenn Paulus sagt, daß wir entweder Sklaven der Sünde oder Sklaven Christi sind, so habe ich mich früher an dem Bild, das meinem liberalen Bewußtsein widersprach, gestoßen. Heute habe ich ein viel tieferes Verständnis dafür, was es bedeutet, Sklavin der Sünde zu sein und durch Steuern, Konsum und Kooperation ihre Herrschaft aufrechtzuerhalten, ihr zu dienen. Es ist aber auch deutlicher geworden, was es heute heißt, sich mit Christus auf einen anderen Weg zu machen.

Es gibt schon lange genug reale Projekte, die eine andere Vision unseres Landes zugrunde legen, die die deterministische Festschreibung unserer Rolle als einer abhängigen Militärkolonie als überwindbar zeigen. Ein Vorschlag der Grünen zur realen Kürzung des Rüstungshaushalts besagt zum Beispiel, daß die „verteidigungsinvestiven Ausgaben", das sind 35 % des Rüstungshaushalts, gestrichen werden müssen. Damit würden Waffenbeschaffung, Forschung, Landbeschaffung, Neu- und Ausbau militärischer Anlagen gestoppt. Der Personalbestand der Bundeswehr könnte somit drastisch reduziert werden, ebenfalls die Mittel für Manöver und sonstige Übungen. Solche Programme, die aus der Vision vom friedlichen Land wachsen, klingen heute schon weniger utopisch als vor zehn Jahren und werden, wenn uns die Zeit bleibt, noch näher an die Realität kommen; das Ziel, daß der Bundeswehr die Fähigkeit genommen wird, andere Staaten und Völker bedrohen und überfallen zu können, ist eine Voraussetzung der Befriedung Europas.

Es ist auch unwahr, daß wir in Sachzwängen steckten, die uns diktierten, die ungerechten Wirtschafts- und Handelsbeziehungen der Dritten Welt gegenüber nicht anzutasten. Nicht die gerechten Beziehungen zwischen den Völkern sind eine illusionäre Gaukelei, wohl aber ist unser historisches Bewußtsein von Gerechtigkeit durch die Privatisierung des Lebens verstümmelt. Eine der wichtigsten Forderungen an eine neue Weltwirtschaftsordnung ist, daß die armen Länder nicht dazu gezwungen werden, sich am Weltmarkt zu orientieren und ihre eigene Bevölkerung hintan zu stellen. Die Wirtschaftsdiktatur der reichen über die armen Länder, die diese zwingen, Erdbeeren und Orchideen für den Export anzubauen, wo früher Bohnen und Mais für die Bevölkerung wuchs, muß ein Ende finden; daß Hungerländer Futtermittel in die Europäische Gemeinschaft exportieren, ist ein Skandal, auch dann, wenn er von den Machteliten in den Entwicklungsländern gefördert wird. Die Finanzorganisationen, der Internationale Währungsfonds und die Weltbank, die es heute den verschuldeten und abhängigen Ländern untersagen, die Preise für Grundnahrungsmittel zu subventionieren, müssen neu organisiert werden; den ärmsten dieser Länder müssen die Schulden erlassen werden, andere sollten großzügige Rückzahlungsbedingungen erhalten. Der Handelsaustausch zwischen den Entwicklungs- und den Industrieländern kann eben nicht einfach den Marktmechanismen überlassen werden; gerechte multinationale Abkommen müssen die gegenwärtige Ausplünderung ersetzen.

Die Vision eines friedlichen Landes mittlerer Größe und mittlerer Industriemacht im Herzen Europas schließt ein, daß ein solches Land sich in den Verhandlungen um eine neue Weltwirtschaftsordnung auf die Seite der Armen stellt, statt sich die Entwicklungsländer als Absatzmärkte für die eigenen und die multinationalen Konzerne zu sichern. Alle Versuche von Entwicklungsländern, sich von den ungerechten Handelsbeziehungen freizumachen, sind deswegen zu unterstützen. Daß wir unseren Schuldigern vergeben sollen wie Gott uns vergibt (Matthäus 6, 12), gehört zu den elementarsten Bestandteilen der christlichen Tradition; nur denken wir dabei meist nicht an Geldschulden, die andere bei uns haben. Wenn wir das Vaterunser, aus dem dieses Gebet stammt, ernst nehmen und an die Opfer unserer Finanzpolitik denken, so begreifen wir aus dem Geist Christi und seinem Gebet, daß es Zeit ist, den Schuldnern die Schulden zu erlassen und den ärmsten Ländern nicht weiterhin die Kehlen zuzudrücken!

Zu einer Vision von dem „Land, in dem es leichter wäre, gut zu sein", gehört eine Umkehr von den Werten, die wir jetzt für grundlegend halten. Gerechtigkeit ist näher am Quell des Lebens als Sicherheit, Machtverzicht eröffnet mehr Freiheit als Machtanwendung, und die gegenseitige Abhängigkeit zu erkennen ist notwendig, um in dem „globalen Dorf", das wir bewohnen, leben zu können. Diese Gegenseitigkeit und Abhängigkeit respektiert auch die Mitgeschöpfe, die nicht unsere Sprache sprechen. Der Frieden mit der Natur, nicht gegen sie, ist eine Art, die Schöpfung zu respektieren, die wir in der abendländischen Industriegeschichte verlernt haben. Können wir sie wieder-lernen?

Die Bibel spricht davon, daß unsere Söhne und Töchter Visionen haben werden (Joel 3, 8 und Apostelgeschichte 2, 17). Sie werden als lebensnotwendig angesehen, und die Erinnerung an die Zielvision ist ein immer wieder zu feierndes Fest, das uns miteinander verbindet. In kirchlicher Sprache heißt dieses Fest „Gottesdienst", und ein unverzichtbares Element solcher Versammlungen von Menschen im Namen Gottes ist die Vision, die wir dort miteinander und genährt von der religiösen Tradition teilen. Aus dieser geteilten Vision wächst eine Kraft zum Widerstand. Ein Gottesdienst ohne Vision bleibt leer, die Vision ist es, die erleuchtet und wärmt. Es mag in manchem Leser dieses Buches ein Unbehagen stecken, das die hier versuchte Erinnerung an Gottes Zukunft mit Zynismus aufnimmt. „Schön wär's ja", ist ein Ausdruck dieses je nachdem milden oder sarkastischen Zynismus. Wir haben uns in unseren Hoffnungen schon so sehr verleugnet, unser Verständnis von Gerechtigkeit so sehr verstümmelt, daß wir oft gar nicht mehr wagen, „unsere Augen aufzuheben zu den Bergen, von welchen Hilfe kommt." (Psalm 121, 1) Dieses Aufheben der Augen, Innehalten im alltäglichen Weitermachen, sich die eigene Vision bewußt zu machen und sie mit der Tradition und der der Menschen neben uns zu teilen, ist aber ein ebenso natürlicher Lebensvorgang wie Atmen; ohne ihn fallen wir einer Selbsttötung anheim, die die Bibel oft mit dem Wort „Tod" benennt. Was haben wir denn denen, die traurig die Achseln zucken und mit ihren Wünschen auch ihre Lebendigkeit begraben haben, zu antworten?

Ich denke, daß es einen Unterschied gibt zwischen Hoffnung und Illusion. Dieser Unterschied läßt sich von außen allerdings gar nicht begreifen. Ein intelligenter Betrachter, der die Vision des Volkes Gottes nicht teilt, wird sie als naiv und allzu optimistisch ansehen. Gebannt von der Machtfrage wird er oder sie vor allem die Machtlosigkeit der sozialen Bewegungen für Frieden, Solidarität mit den Völkern der Dritten Welt und Versöhnung mit der Natur zu beweisen wissen. Daß das weiche Wasser den Stein brechen soll, ist ihr nicht glaubhaft. Sie beobachtet von außen, ob die Sache gut oder schlecht ausgeht. Diesen Beobachterstandpunkt kann man sich aber eigentlich nicht leisten, wenn es tatsächlich um das eigene Leben geht. Eine Hoffnung, die abwartet, was denn nun herauskommt, die sich nicht wirklich identifiziert mit dem Erhofften, ist nur ein Spielmaterial der inneren Anschauung und in diesem Sinn nur Illusion.

Die christliche Hoffnung, die in der Tradition unter die übernatürlichen, d. h. uns durch Gnade eingegossenen Tugenden zählt, unterscheidet sich von der Beobachterhoffnung durch Anteilhabe, Mitwirkung, Partizipation. Sie ist Hoffnung, in der ich an der Herbeiführung eines anderen Zustands selber beteiligt bin. Die Friedenshoffnung lebt von den Friedensstiftern und nicht außerhalb von ihnen. Es ist die Partizipation am Kampf, die die Hoffnung von der betrachtenden, mal optimistischen, mal resignierenden Beobachtung unterscheidet. Anfang der 80er Jahre gab es in einer Schule in Boston eine Umfrage über die Wahrscheinlichkeit eines Atomkriegs. Alle Kinder bis auf eines meinten, das Ende der Welt sei nahe. Als man das Kind mit der abweichenden Meinung fragte, warum es nicht an den Atomkrieg glaube, sagte es: „Weil Mami und Papi dagegen arbeiten."

Hoffen können wir nur innerhalb der Widerstandsbewegung. Der Kampf ist der Lehrer, sagte Che Guevara, und ich füge hinzu: auch die Hoffnung. Nur wenn man sich selber in diesen Kampf einbringt, kann aus der Erwartung die Hoffnung werden; so lange wir noch in der Zuschauerhaltung sind und abzählen, wie viele Raketen auf beiden Seiten stehen, wieviel Leute demonstriert haben, wieviel Abgeordnete auf der Seite der Aufrüstung stehen usw., haben wir uns noch nicht mit der Hoffnung identifiziert, sind wir noch nicht bereit, das eigene Leben, die eigene Lebenskraft, Energie, Zeit und Geld dafür einzusetzen.

Wenn die Hoffnung in diesem Sinn existentiell wird, dann bringt sie auch, wie der Kirchenvater Augustinus sagte, zwei liebliche Töchter hervor, nämlich Zorn und Mut. Zorn, damit das Nichtige auch nichtig bleibe, und Mut, damit das, was sein soll, auch sein wird. Oder, in den Worten eines nordamerikanischen Indianers, der ein Medizinmann ist:

"Wenn militant sein heißt,
daß ich alle Möglichkeiten nutze,
daß ich nur jeden möglichen Schritt tue
und alle nur möglichen Aktionen,
um ein für allemal
die natürliche Lebensweise des Menschen
wieder einzuführen,
dann bitte ich meinen Vater Sonne
und meine Mutter Erde,
daß sie mir Leben und Stärke geben,
um von allen
der Militanteste zu sein."

7. GEGENWART GOTTES

Und er stand auf, bedrohte den Wind
und sprach zu dem Meer: Schweig, verstumme!
Und der Wind legte sich
und es trat eine große Stille ein.
  Markus 4, 39

Wir vermögen uns zu erinnern und die Vergeß-
lichkeit, die uns den Boden unter den Füßen weg-
spült, aufzuhalten; viele entwerfen — vom Son-
nenkollektor bis zur nachträglichen Kriegsdienst-
verweigerung — immer wieder Baupläne einer gewaltfreien Zukunft, aber zu einer Vision gehört
noch ein anderes Element, das zu benennen mir
nicht leicht fällt, weil die einzige Sprache, die es
ausdrücken kann, die Menschheitssprache der
Religion ist — also eine, die in unserem Kontext
von sehr vielen Menschen als verbraucht, nichts-
sagend oder zerstört empfunden wird. Zu einer Vision gehört das Element gegenwärtiger, absoluter
Gewißheit, das Bewußtsein der Nähe Gottes.
Wenn ich darüber etwas sagen will, fühle ich mich
verlockt, lateinisch zu reden und von der *praesen-
tia Dei* zu sprechen, als sei es in unserem Idiom un-
schicklich und sinnlos, die Gegenwart Gottes zu
benennen.

Gerade in der apokalyptischen Verfinsterung
der letzten Jahre, in dem mörderischen Krieg gegen die kleinen Völker Zentralamerikas, nach
Tschernobyl und vor dem Krieg der Sterne, ist mir

immer deutlicher geworden, wie sehr ich vom Hier und Jetzt der Gewißheit Gottes lebe, dieser Präsenz, über die zu sprechen wir uns so schwer tun. Indem ich Erfahrungen mit dem gegenwärtigen Licht machte, lernte ich mich kennen als eine, die eben das braucht. Gewißheit, Klarheit, die große Stille des innersten Friedens mitten im Sturm — das gehört für mich zum Geheimnis des Lebens, von dem ich — manchmal — weiß, daß es mich trägt. Ich erinnere mich an ein Ritual, das wir in einer Frauengruppe gefeiert haben. Wir waren an einem Tiefpunkt von gegenseitigem Mißtrauen, Unverständnis und Erschöpfung angelangt. Wir hatten über Feminismus und Spiritualität gearbeitet, aber es war, als sei der Geist entwichen. Frauen redeten, ohne aufeinander zu achten, „wie Männer", sagte eine sarkastisch. Aufmerksamkeit und Aufrichtigkeit waren uns zerronnen. Da übernahm eine der Frauen die Verantwortung, uns in einen anderen Zustand zu führen. Wir standen auf, schwiegen eine Weile, streckten uns, atmeten tiefer und verbanden uns bewußt mit dem eigenen Körper. Wir stellten uns, einander berührend, in einem Kreis auf. „Ich möchte euch bitten, einen Namen für Gott zu finden, zu sagen, wer — jetzt — Gott für euch ist", sagte die Anführerin. „Schwester" sagte eine Frau — und ich hörte ihre Einsamkeit mit, „Mutter" eine andere und dann traten immer mehr Lebenskonkretionen hervor: „Die mich beschützt", „Die mir Mut macht", „Die strahlenden Augen meines sechs Monate alten Kindes, wenn ich mich morgens über sein Bettchen beuge." Es war, als webten wir miteinander an einem Netz, das schon in uns war, aber noch nicht sichtbar. Ein Wissen von dem, was uns trägt, eine fast heitere Gewißheit. „Frieden für Manuela und Roberto in Esteli, Nicaragua" war mein Name Gottes. Wir schwiegen eine Weile und gingen auseinander, gestärkt.

Gott war gegenwärtig geworden, die Kraft, die uns Kraft gibt, das *empowerment,* aus dem wir wachsen, war nah. Ich habe einige Gottesdienste an den Stacheldrahtzäunen, die die Todesmaschinen in unserem Land „beschützen", miterlebt — in Mutlangen, Heilbronn, Gorleben und bei Göttingen. Ich habe auch in Mahnwachen vor der Dresdner Bank, die Südafrikas Apartheid aufrechterhält, gestanden und an Schweigekreisen für den Frieden teilgenommen. Manche von diesen Begebenheiten haben mir die Gegenwart Gottes mitgeteilt, oft gerade dann, wenn ich sie nicht erwartete. Die Erfahrungen sind verschieden und es gibt keine Garantie dafür, daß wir uns in einem Gottesdienst der Gegenwart Gottes bewußt werden. Und doch habe ich dann und wann etwas von dem „Inneren Licht" gesehen, einmal auf dem Gesicht einer alten Frau, die neben mir stand und weinte, als wir beschimpft wurden. Ich schaute sie an und das Licht kam zurück in ihr Gesicht.

Ich übernehme diesen Ausdruck „Inneres Licht" aus der Tradition der Quäker, die sich gegen die entleerten kirchlichen Formen ohne Kraft wandten und die auch heute in ihren Versammlungen „auf Gott wartend" schweigen, um das „Innere Licht" leuchten zu sehen. Die Schriftsteller der Bibel haben das, was sie bekannten, auch besessen, die Schrift beruht ja auf Erfahrung unmittelbarer Gewißheit Gottes. Warum sollte das für die später Lebenden anders sein, warum sollten sie sich mit bloß Abgeleitetem, mit Berichten-über-Ereignisse zufrieden geben?! Nach dem Verständnis der Quäker, die sich hierin von der protestantischen Fixierung auf das Wort Gottes unterscheiden, leuchtet das „Innere Licht" in jedem Menschen als die Kraft, die unseren Weg hell macht, uns Klarheit, Stille und Energie zugleich gibt. „Das von Gott" ist in jedem Menschen und wird bewußt durch „das von Gott" in einem anderen. Die Frau, die bei unserer Frauenversammlung von ihrem Baby sprach, rührte in mir etwas an, das ich vielleicht vorsichtig meinen Glauben an das Leben nennen kann; sie teilte mit mir, was das Licht in ihr war, sie teilte es und schenkte uns allen etwas. Zuhören bedeutet in diesem mystischen Sinn, daß „das-von-Gott" im Hörer auf „das-von-Gott" im Sprecher antwortet. Das „Innere Licht" ist die Gegenwart Gottes, in der Gott auf uns wartet.

Ohne dieses Licht können wir vegetieren, aber nicht leben. Ohne dieses Licht können wir der Vision der Zukunft Gottes nicht trauen. Es gibt eine Erfahrung der „großen Stille", die mitten im Sturm sich ausbreitet, in der sich Menschen angesichts gigantischer Todesmaschinen, die unser Land besetzt halten, finden. Die Windstille, von der die Geschichte von der Besänftigung des Sturms durch Jesus berichtet, die *galene*, ist zugleich die Stille der Seele, die sich nicht mehr ausgeschlossen und vereinzelt, sondern als Teil des Ganzen, getragen von dem Grund allen Lebens, weiß. Ein Mystiker des 18. Jahrhunderts drückt das im Kirchenlied „Gott ist gegenwärtig" aus: „Gott ist in der Mitten/Alles in uns schweige . . ."

Das Schweigen, das Licht und die Meeresstille sind Symbole der Gegenwart Gottes; aber was hat diese Präsenz mit der Vision des Reiches Gottes zu tun? Gott wird in den verschiedenen Religionen zu bestimmter Zeit und an bestimmtem Ort als gegenwärtig erfahren. In der katholischen Messe z. B. drückt sich diese Gegenwart im Schweigen nach der Wandlung und in der Formel „Geheimnis des Glaubens" aus. Der Protestantismus hat diese Grunderfahrung oft verschwiegen oder ihr keinen Raum gelassen. Die Angst protestantischer Theologen vor „Religion" als einer allzu unmittelbaren, allzu mystisch-selbstgewissen Inbesitznahme des Göttlichen hat das „Gefühl der Gegenwart", von dem Goethe im West-östlichen Divan spricht, unterdrückt: Gott wurde als der Fordernde und der Begnadigende gedacht, aber nicht eigentlich im Nun des Augenblicks gegenwärtig. Gott wird erinnert — als der, der schon einmal ein Volk aus militärischer Zwangsherrschaft befreit hat und er wird erfleht, angerufen, aber diese beiden Dimensionen der Vergangenheit und der Zukunft haben die Präsenz Gottes oft verschlungen, so daß Gott zwar „geglaubt", aber nicht „geschmeckt" wurde, wie die Mystiker sagen. Das „Innere Licht" wurde nicht nur nicht gesehen, sondern nicht vermißt.

Wenn ich hier im Zusammenhang der Vision von einer sanften Republik vom „Inneren Licht" sprechen muß, so aufgrund einer gesellschaftlichen Situation, die mir in ihren spirituellen Konsequenzen immer bedrohlicher erscheint. Die nachdenklichen Minderheiten in unserem Teil der Welt sind vor allem von der Erfahrung der Ohnmacht geprägt. Vielleicht sind unsere Erwartungen in der hochtechnologisierten Welt, Erwartungen an Veränderbarkeit, an Vernunft, an technische Möglichkeiten, viel größer als die früherer Zeiten und weniger entwickelter Länder, denen die gesellschaftliche Ohnmacht natürlich schien. Heute denke ich, daß gesellschaftliche Ohnmacht – verbunden mit dem Wissen, wie es anders sein könnte – eine der furchtbarsten Grunderfahrungen der bewußten Minderheiten in der Ersten Welt ist. Unsere Ohnmacht ist um so bitterer, je mehr wir wissen. Jede einzelne Atombombe ist ein Verbrechen an den Kindern, die von den Bomben nicht satt werden. Und unsere Ohnmacht wird unerträglich, wenn wir nur an die Geschichte der Niederlagen des Friedens nach 1945 denken; ich meine nicht nur die Kriege, die stellvertretend in den nicht-reichen Ländern geführt werden, sondern auch die Militarisierung der Forschung, der Produktion und vor allem die wachsende Militarisierung des Denkens, in der man sich ein „freies", d. h. doch wohl ein militärfreies, vom Zwangsapparat der größten Gewalt freies Gemeinwesen immer weniger auch nur vorstellen kann. Wie zwangsmilitarisiert unser Denken ist, wurde mir vor einigen Jahren bei einer Tagung von Friedensforschern in Salzburg klar, als jemand vorschlug, Österreich solle doch ganz auf Militär verzichten, da es ja eh nicht „verteidigbar" sei. Dieser einfache, naheliegende Gedanke war mir noch nie gekommen! Darüber war ich erschrocken, da ich merkte, wie sehr auch mein eigenes, vom Pazifismus geprägtes Denken „militarisiert" war; ich spürte zwar in einem Land wie Österreich etwas mehr Freiheit, aber wie klein war meine Vision! Auf weniger Soldaten, weniger perfekte Waffen, weniger Angriffsfähigkeit war ich aus, aber einen Schritt, der wirklich über den verordneten Wahnsinn hinausging, hatte ich nicht getan. Eine gefesselte Vernunft, eine Phantasie, der man die Flügel gestutzt hat – auch das ist ein Teil der Ohnmacht: Wir können die Wahrheit nicht mehr denken, die Freiheit nicht mehr durchbuchstabieren und die Gerechtigkeit ist uns schon ganz unvorstellbar.

Darum ist es nicht genug, sich zur Wissensverteilung und Vorbereitung von Aktion zu versammeln. Die Einübung in den Widerstand braucht ein Mittelglied, das die Überwindung der Ohnmacht bedeutet und uns an eine andere Form von Macht als die, die über uns herrscht, anschließt.

Wir brauchen eine Ermutigung, die über unseren Mut hinausgeht, eine Wahrheitsvergewisserung, die über die Stückchen Wahrheit, die wir als befreiend erleben, hinausleuchtet. Wir brauchen die Gemeinschaft derer, die ihr Leben als Christen im Widerstand begriffen haben, der Ohnmacht zum Trotz.

Ich denke an Zehntausende von Christen in den Vereinigten Staaten, die sich als Minderheit im Imperium verstehen, die verzweifelt versuchen, wenigstens das Schlimmste, z. B. den Einmarsch in Nicaragua, zu verhindern, die mit bemerkenswertem Mut der herrschenden antikommunistischen Propaganda, die dem Antisemitismus der Nazis so zum Verwechseln ähnlich sieht, entgegenzutreten und die doch immer wieder erschüttert feststellen müssen, wie viele Raketen und Milliarden, Fernsehkanäle und Wählerstimmen die Gegner zur Verfügung haben. Wie klein, wie schwach sind diese Minderheiten in der reichen Welt noch immer! Aber die größte Gefahr für uns in der Mittelschicht der reichen Länder geht nicht von unseren Feinden aus, sie trachten uns ja nicht wie den Flüchtlingen in El Salvador oder den Gesundheitsarbeitern in Nicaragua nach dem Leben, sie wollen uns ja nur konform machen, mundtot, privatisiert bis zu dem Zustand, für den die Griechen das Wort *Idiotes*, Privatmann, geprägt haben. Die größte Gefahr für uns geht von uns selber aus, die wir uns in Ohnmacht und Resignation ducken. Es gibt — gerade in Westdeutschland mit seinem Selbst-

verständnis als amerikanischer Militärkolonie —
ein kränkliches Selbstmitleid, in das wir vor der eigenen Zukunftsgeschichte ausweichen. Dieser innersten Gefahr gegenüber reicht die Vision einer
anderen Zukunft allein nicht aus, wir müssen ein
Stück der Wahrheit unseres Lebens *jetzt* leben. In
diesem unverschiebbaren Jetzt liegt der Wahr-
heitskern des Anarchismus: Wir müssen bereits
jetzt so miteinander umgehen, als seien wir schon
befreit, als herrsche schon Gerechtigkeit, als lebten wir wie die ersten Christen zwar inmitten eines mörderischen Imperiums, aber doch anders,
etwa in unserem Verhältnis zu Eigentum und Gewalt. Die evangelischen Frauen, die sich in den
letzten Jahren für den Boykott südafrikanischer
Früchte stark gemacht haben, sind ein Beispiel für
dieses „schon jetzt" des Verhältnisses zu Eigentum
und Gewalt.

Bei Jesaja steht eine Prophezeiung, nach der
auch die Blinden und Lahmen an der Beute in Fülle teilhaben werden. „Und kein Einwohner wird
sagen: Ich bin schwach. Denn das Volk, so drinnen
wohnt, wird Vergebung der Sünden haben." (Jesaja, 33, 24) Noch sagen bei uns gerade die lebendig-
sten Einwohner: Ich bin schwach. Noch ist die Vergebung, die Befreiung nicht sichtbar geworden,
noch sind wir in der Ohnmacht, die die Herrschaft
der Sklavenhalterin, der Sünde, über uns ausübt.

In der Ohnmacht sind wir auch nicht in der Lage, unsere Feinde zu lieben. In der Mittelklassensi-
tuation, die ich weniger von der Herkunft der

Menschen als von ihrer Bildung und Erziehung her definieren möchte, tun wir uns besonders schwer damit, entfeindende Liebe zu lernen, weil sie — und ich sage dies aus meiner eigenen Selbstbeobachtung — zwischen zwei falschen Reaktionen dem Feind gegenüber hin und herschwankt. Die eine ist die beschriebene der Ohnmacht. Die andere ist die aus einer bürgerlichen Erziehung, vor allem von Frauen, resultierende, die naiv davon ausgeht, daß die Feindesliebe darin besteht, keine Feinde zu haben. Ich erinnere mich, daß ich als junges Mädchen dachte: Ja sicher liebe ich meine Feinde, ich habe bloß keine. Ich fühlte mich selbst friedlich, wohlwollend und konnte aufgrund meiner Klassenzugehörigkeit nicht verstehen, daß irgendwelche Menschen Feinde sein sollten. Das ist aber eine Illusion. Es gibt in der Tat Feinde des Lebens; die Feindkategorie gehört zum politischen, wirtschaftlichen und sozialen Leben. Es gibt Feinde der Freiheit, der Menschenrechte und des Friedens. Man muß das anerkennen. Die Frage ist, wie wir uns verhalten, und wenn wir in das Neue Testament hineinsehen, ist das eindeutig. Seine Antwort ist nämlich nicht die Ohnmacht, die weiß, daß wir eh nichts machen können.

Das Gebot der Feindesliebe spricht in die Situation der Jesusbewegung hinein, zu armen Leuten, die unter der politischen Verfolgung der *Pax Romana* zu leiden hatten, die fliehen mußten und bedroht waren mit dem Martyrium. In diese reale

Situation des Urchristentums hinein gehört das „Betet für die, die euch verfolgen, die euch unterdrücken!" Die dabei zugrundeliegende Annahme ist die, daß auch der Feind veränderbar, bekehrbar ist. Auch unsere Feinde können lernen. Das Schlimmste bei der Freund-Feind-Verhärtung ist, daß wir annehmen, die sind so und bleiben so. Die Kraft der entfeindenden Liebe ist auf der Bekehrbarkeit der Feinde begründet. Die entfeindende Liebe entdeckt auch im Gegner „Das-von-Gott". Und wenn wir daran denken, daß die großen Mehrheiten in unseren Ländern ja immer noch, wenn auch weithin unbewußt, auf der Seite des Menschenfeindes stehen und das menschenfeindliche Unrechtssystem der Ausplünderung bejahen, dann versuchen wir, an Vernunft und Erbarmen in ihnen zu appellieren und auch hier auszugehen von der möglichen Bekehrbarkeit.

Diese Menschen sind belogen und betrogen worden, sie werden jeden Tag belogen und betrogen, sie werden um die Früchte ihrer Arbeit betrogen, die in den Militärreißwolf hineingehen. Sie werden um die Früchte ihrer ganzen Existenz betrogen, ihrer Natur, die zerstört wird vor ihren Augen. Es ist klar, daß es nicht das ist, was sie gewählt haben und daß sie sich in einer furchtbaren Verstrickung der Lüge befinden.

In dem Prozeß der Friedenserklärung kommt es zunächst darauf an, die eigene Furcht zu entwaffnen. Die Ängste, die unser Verhalten zu anderen Völkern im Osten und im Süden bestimmen,

haben längst dämonischen Charakter angenom-
men. Sie beherrschen uns. Es ist Angst vor sozialem Abstieg, Diskriminierung, Arbeitslosigkeit
und Berufsverbot, da gibt es die Angst, sich nicht
verständlich machen zu können und nicht mehr
kommunizieren zu können, da gibt es Angst vor
einfachen Aktionen der Verweigerung der Kooperation und Mithilfe. Ist nicht die ganze Welt den
beiden Supermächten unterworfen, ist Widerstand nicht unmöglich, sind nicht die „Fürstentü-
mer und Gewalten", die Dämonen und himmli-
schen Mächte, von denen der Apostel Paulus immer wieder spricht, die unumschränkten Herren
dieser Welt? Wie könnten wir je darauf hoffen, von
diesen Sachzwängen, wie die Dämonen heute genannt werden, frei zu werden?

Ich könnte nicht an die Umkehr glauben und
schon gar nicht an die Umkehr eines relativ wohl-
habenden Volkes in Mitteleuropa, wenn ich nicht
an vielen Stellen der Welt Zeichen der Umkehr,
der gegenwärtig gelebten Vision gewöhnlicher
Leute, erkennen könnte. Gegenwart Gottes und
Teilen des „Inneren Lichts" bedeutet für mich zuerst eine bestimmte Wahrnehmungsperspektive,
die christliche, die jeweils von den Opfern einer Situation ausgeht und eben sie „sieht". Es bedeutet
sodann ein lebendiges Gespräch mit der Tradition,
vor allem der Bibel, den Versuch, von ihr zu lernen. Und drittens heißt es, sich vom Beispiel anderer ermutigen zu lassen, von anderen zu hören, die
Schritte der Absage und des neuen Anfangs ge-

macht haben. Wahrnehmung, Tradition und Ermutigung stellen zusammen ein Teilen der Hoffnung dar. Oft sind es nur kleine Stückchen Brot, die wir teilen, aber sie sind es, die mich aus dem Zirkel derer, die Katastrophen-Wissen anhäufen, entfernen und mich stärken. Die „Zeichen", die Geschichten gewöhnlicher Leute, die Zeugen der Wahrheit helfen mir, in den Widerstand, den wir brauchen, hineinzuwachsen. Sie helfen mir zu sehen und genauer zu wünschen. In diesem Sinn helfen sie mir zu beten. Ich will einige Personen stellvertretend nennen und wünsche mir, daß Leserinnen und Leser dieses Buches sich an ähnliche Geschichten von der Umkehr von Einzelnen und Gruppen erinnern; das macht unsere Vision, die die Umkehr des Volkes einmal ermöglichen wird, klarer.

Helen Woodson, eine Frau von 42 Jahren aus Madison, Wisconsin, eine Mutter von elf Kindern, eins von ihr geboren, sieben adoptiert und drei Pflegekinder, nahm in einer Aktion des zivilen Ungehorsams zusammen mit drei Gefährten an einem Einbruch in ein Atomwaffenlager der Whiteman Air Force Base, 30 Meilen von Kansas City, teil. Nachdem sie die Messe gefeiert hatten, zerschlugen die vier dort einen riesigen Beton- und Stahldeckel, der über dem Silo für „minuteman II", ein unbemannter atomarer Marschflugkörper, lag. Es gelang den vier Widerstandskämpfern in anderthalbstündiger Arbeit, ehe sie entdeckt und festgenommen wurden, den Deckel der

Bombe so irreparabel zu beschädigen, daß er sie nicht mehr vor den Wetterwirkungen schützen kann. Wasser und Luft tun jetzt ihr subversives Werk. Helen Woodson und die anderen Widerstandsleute bekamen achtzehn Jahre Gefängnis, statt der beantragten 25 Jahre. Sie wurden für schuldig befunden wegen Verschwörung, unbefugten Betretens des Militärgeländes, gewollter Zerstörung von Eigentum und Behinderung der Nationalen Verteidigung. Helen begann ihre Verteidigungsrede mit den Worten: „Das ist ein Tag von Leben, Tod und Auferstehung. Heute am 25. März, erinnert sich die Katholische Kirche an die Verkündigung – den Tag der Konzeption von Jesus Christus. Außerdem haben wir gerade den Jahrestag des Martyriums von Erzbischof Oscar Romero. Außerdem ist das der fünfte Geburtstag von Jeremy Woodson. Ich will Jesus oder Oscar Romero nicht verkleinern, aber ich möchte mich auf den kleinen Jeremy konzentrieren."

Jeremy ist ein schwerstbehindertes, von den Ärzten aufgegebenes Kind, das Helen adoptiert hat. Über diesen fünfjährigen Jungen sprach sie in ihrer Gerichtsverhandlung, als sie ihre Aktion verteidigte: „Die Ärzte sagten mir, er würde niemals sitzen können, und als er es tat, sagten sie, er würde niemals gehen, und als er das tat, sagten sie, er würde niemals sprechen. Jetzt spricht er, und demnächst werden sie mir wohl erzählen, daß er niemals lesen wird, aber ich habe Lust zu wetten, daß er es tun wird, besonders heute!

Das Wunder mit Jeremy sind nicht nur diese Meilensteine, die ich hier beschrieben habe. Es ist vielmehr sein Geist. Jeremy liebt, wie ich niemals jemanden zuvor lieben gesehen habe, und in seiner Liebe verbringt er den Tag mit Singen, Tanzen und Lachen. Das Kind ist ein geborener Widerstandskämpfer! (a born resister!) Wenn er gegen etwas ist, legt er die Hände auf die Hüften, stampft mit dem Fuß auf und sagt sehr fest, aber ohne Bosheit oder Zorn ‚Ich sage nein!'

Zwei Menschen haben mich am meisten gelehrt, wie man das Leben feiert, nicht nur übersteht. Einer davon ist Jeremy. Und ich habe von Jeremy gelernt, daß wirkliche Feier des Lebens alle drei Elemente enthalten muß, um nicht unvollständig zu sein: Leben, Tod und Auferstehung.

In der Empfängnis Jesu sind sein Tod und seine Auferstehung enthalten. Im Tod von Oscar Romero ist Leben und Auferstehung impliziert. Ich weiß nicht genau, wie ich das für Jeremy ausdrücken soll, weil für mich alles, was mit ihm zu tun hat, Auferstehung war." In dieser Dreiheit von Leben, Tod und Auferstehung versteht Helen auch ihre Aktion.

Die nächste Geschichte, die ich erzählen möchte, handelt von einem holländischen Diplomaten, einem Angehörigen der Oberschicht, von adliger Herkunft, der als Botschafter Hollands in Madrid einen großartigen Posten hatte. Dr. Edy Korthals Altes hat zur großen Überraschung des diplomatischen Korps nach einer glänzenden Karriere im diplomatischen Dienst, die ihn nach New York, Colombo, Paris, Den Haag, Bonn, Rom, Djakarta, Brüssel und Warschau führte, seinen Posten als Botschafter aufgegeben, weil er sich nicht länger mit der Aufrüstungspolitik identifizieren kann. „Ich weigere mich zu glauben, daß die Bestimmung der Menschen in einem tausendfältigen Auschwitz liegt." Über die Verwunderung, die dieser äußerst ungewöhnliche Schritt erregte, sagte der 62jährige Ex-Diplomat: „Die Leute vergessen die persönliche Motivation; das Leben ist nicht nur ein Futtertrog, aus dem man vergnüglich essen und trinken kann." In den letzten Jahren wurde er immer besorgter über den Rüstungswettlauf, las den Bericht des Weltrats der Kirchen „Bevor es zu spät ist" und stellte in einer Nummer von „Foreign affairs" fest, wie Caspar Weinberger das amerikanische Überlegenheitsdenken unwidersprochen auf den Höhepunkt steigert. Der SDI-Plan hat Korthals dann endgültig zum Ausstieg geführt.

Neben dem Arbeitstisch dieses Diplomaten hängt ein kleines, altes Portrait von Erasmus von Rotterdam, das ihm besonders wichtig ist, vor allem weil Erasmus die persönliche Verantwortlichkeit der Menschen betont. Edy Korthals ist Christ und läßt sich – wie er sagte – „von Jesus die Frage stellen: womit habe ich mich als Mensch beschäftigt." Und die Antwort lautet: „Ich habe mich damit beschäftigt, ein Szenario zu planen, das die Vernichtung von vielen Millionen Menschen vorsieht, mit einem Zynismus, der keine Grenzen kennt." Das Weltbild dieses konservativen Diplomaten ist sicher in vieler Hinsicht unterschieden von dem, was in diesem Buch gedacht wird. Dennoch entdecke ich in seinem Denken und in seiner Verweigerung Stücke einer gemeinsamen europäischen Vision von einem friedlichen Zusammenleben konkurrierender Systeme, als könnte die Abkehr von der Gewalt die Basis einer gemeinsamen europäischen Politik sein. „Ich bin in den letzten Jahren durch einen Vertiefungsproßes gegangen und habe den Glauben an Christus als befreiend erfahren. Das gibt mir in dieser aussichtslosen Welt eine einzigartige Kraft. Auch zum Handeln."* Niemand im Umkreis dieses Mannes hatte in den letzten 40 Jahren an Nicht-Kooperation, Ausstieg, zivilen Ungehorsam oder Widerstand gedacht; darum ist sein Beispiel so ermutigend.

Ein anderes Fallbeispiel ist der Elektronik-Ingenieur Tony Wilson aus Bath in England, der jahrelang die Ausdauer von Polaris und Chevalineraketen elektronisch getestes hat. Heute, nachdem er ausgestiegen ist, sieht er das als „vergeudete Zeit" an. 1982 stieß er zu den „Elektronikern für den Frieden". Heute versucht er, eine Arbeitsvermittlung aufzubauen für Leute, denen die hochbezahlten Jobs in der rüstungsorientierten Industrie immer weniger zusagen. Der Wunsch nach Ausstieg wächst offenbar allgemein, auch wenn es

* NRC – Handelsblad, 16. 7. 86

schwerfällt, ihn zu realisieren. Auch Tony Wilson nimmt gelegentlich noch Rüstungsaufträge in seiner freiberuflichen Tätigkeit an. Je höher und hochbezahlter der Posten ist, desto riskanter der Ausstieg.

Als Tony Wilson noch für den Krieg arbeitete, traute er sich nicht einmal, eine linke Buchhandlung zu betreten. „Du wußtest, die kontrollieren sogar, welche Zeitung du abonniert hast," sagte er in einem Gespräch.* Als öffentlich bekannt wurde, daß er für die „Elektroniker für den Frieden" arbeitete, hatte seine Firma plötzlich keine Aufträge mehr für ihn. Aber die Hälfte seiner Kollegen stimmten ihm zu — während ein Viertel ihm nicht mehr in die Augen schauen konnten. „Das Schwierigste ist, selbst durch die aufgerichteten Barrieren zu den persönlichen Zweifeln zu dringen." Ein weiteres Viertel seiner Kollegen hielten ihn einfach für verrückt; das ist eine relativ kleine Gruppe.

Als letztes Beispiel vom Handeln aus einer anderen Vision heraus möchte ich Luise Olsen erwähnen, eine Frau, mit der ich zusammen am Hiroshimatag 1985 in Mutlangen die Zufahrtsstraße vor dem Pershing 2-Depot blockiert habe. Wir saßen eine Weile im strömenden Regen, den jungen Polizisten war es sichtlich peinlich, zwei ältere Frauen festzunehmen und wegzutragen. Erst bei einer zweiten Sitzblockade mit weniger Teilneh-

* Vgl. TAZ, 23. 8. 86, „Elektroniker für den Frieden"

mern wurden wir beiden, zusammen mit einem beinamputierten Kriegsbeschädigten weggeräumt. Frau Olsen hat diese ihre Erfahrungen in neue Formen des zivilen Ungehorsams übertragen und zu einer „Senioren-Blockade" aufgefordert. In einem Brief, der dazu einlädt, schreibt sie: „Sind wir ohnmächtig gegenüber den Regierungen und Militärblöcken? Was können wir tun? Was können zumal wir Älteren tun? Etwas haben wir, was jüngere, in Familien und Berufspflichten eingebundene Menschen nicht haben: Zeit! Zeit, sich gründlich zu informieren, um politisches Klischeedenken zu überwinden, Zeit zu Gesprächen und Diskussionen, Zeit auch dafür, unsere Einstellung zu Gewalt und Gewaltlosigkeit deutlich zu machen, zu ‚demonstrieren'. Mutlangen wurde zwar, vergleichbar mit Greenham Common in England, zu einem Symbol des gewaltfreien und beharrlichen Widerstandes – etwa 1000 Strafverfahren wegen ‚Nötigung' verzeichnet das Amtsgericht Schwäbisch Gmünd –, aber dieser Widerstand wird vorwiegend noch von jungen Menschen geleistet und ist deshalb in der Öffentlichkeit immer dem Vorwurf utopischer Wirklichkeitsferne ausgesetzt. Wir Älteren sollten sie nicht alleine lassen! Was versprechen wir uns von einer solchen Aktion des zivilen Ungehorsams?

— Der Protest gegen die Kriegsvorbereitungen kann gar nicht weit genug gefächert sein: Kirchen und Parteien, Ärzte und andere Wissenschaftler, Künstler, Frauen, Kriegsdienstverweigerer und zahlreiche andere Friedensgruppen haben bereits die Initiative ergriffen.

— Wenn Menschen unserer Generation, erzogen nach den Grundsätzen von Gehorsam und Ordnung, trotz drohender Strafverfolgung sich zu Aktionen des zivilen Ungehorsams entschließen, dann machen sie das Ausbrechen aus dem Teufelskreis der Gewalt durch ihr lebendiges Zeichen glaubwürdiger, als alle Worte es zu leisten vermögen."

Es geht mir in diesen Beispielen von Männern und Frauen ganz unterschiedlicher Herkunft, Nationalität, Bildung und Motivation nicht um Rezepte, wohl aber um konkrete, aktive, unweinerliche Behandlung der Krankheit! Es gibt sowohl bei den amerikanischen Abrüstungsaktionen wie bei unseren zaghaften Anfängen von zivilem Ungehorsam immer Menschen, die aus guten Gründen nicht festgenommen werden wollen, die sich nicht strafbar machen wollen, die aber durch ihre bloße Präsenz als Zeugen, als Anteilnehmende handeln. Es ist gewissensmäßig nicht entscheidend, welche der möglichen Strategien zwischen Ausstieg, Nicht-Kooperation, Verweigerung oder zivilem Ungehorsam wir wählen; entscheidend ist die andere Vision von Befreiung, die wir in unserm Handeln ausdrücken.

Es gibt eine wichtige historische Erinnerung, die heute von vielen Widerstandsgruppen in den Vereinigten Staaten aufgenommen wird, die Erinnerung an die Sklaverei. Fast 300 Jahre lang bestand diese menschenverachtende und mörderische Einrichtung in den USA. Sie war legal und galt als wirtschaftlich absolut notwendig für die Plantagenwirtschaft der Südstaaten. Die Sklavenhändler wurden nicht als Verbrecher angesehen, und die Sklavenhalter moralisch und gesellschaftlich respektiert. Auch die demokratisch gewählte Regierung hatte nichts gegen die Sklaverei einzuwenden. Dieses Menschheitsverbrechen ist nach langen und blutigen Kämpfen, jedenfalls in seiner legalen Form, überwunden worden.

Heute leben wir unter der militaristischen Sklaverei. Die Produktion und der Handel mit Mordinstrumenten wird staatlich gefördert, wie einst der Handel mit Sklaven. Die Militärs, die man moralisch mit den Sklavenhaltern vergleichen kann, sind wohlbezahlt, hochangesehen und geachtet. Die Genocidpläne im Kleinen, z. B. für Zentralamerika und die Holocaustpläne im Großen werden als wissenschaftliche Szenarios ernsthaft debattiert. Die Unterwerfung aller Völker unter unsere Form der Sklaverei schreitet fort. Nur wenige Länder, Neuseeland z. B., haben sich schon befreit. Aber selbst unter denen, die an der Menschheits-Sklaverei des Krieges verdienen, entsteht heute eine andere Vision vom Leben. Der Männlichkeitswahn vom Killer und Vergewaltiger ist kulturell-historisch am Ende und die Vorstellung vom Krieg als dem Technovater aller Dinge führt genau in das verbrecherische Leben, das wir jetzt führen. Von einer Vision, die sich an der technologischen Vernunft des Machbaren ausrichtet, haben wir nichts zu erwarten. Wir sind ein geteiltes Volk, aber unsere Visionen sind nicht einfach der Teilung unterworfen. In beiden Teilen Deutschlands gibt es genug Menschen, die die Schwerter endlich zu fahrbaren Landapotheken machen wollen und die innerhalb der europäischen Gewaltgeschichte eine neue Vision haben, die zugleich sehr alt ist: die Vision von einem Land, in dem es leichter wäre, gut zu sein.

Professor Dr. Dorothee Sölle-Steffensky, geboren 1929 in Köln, studierte evangelische Theologie, Philosophie und Literaturwissenschaft.

Sie gehörte zu den Begründern des „Politischen Nachtgebetes" in den 70er Jahren und engagiert sich in der Friedens- und Frauenbewegung.

Als Theologin lebt und lehrt sie wechselweise in den USA und in Hamburg.

Mehrfach besuchte sie das revolutionäre Nicaragua; bereits seit Anfang der 70er Jahre ist sie mit Ernesto Cardenal befreundet.

Dorothee Sölle veröffentlichte zahlreiche Bücher und Aufsätze zu Themen der Theologie, der Friedensbewegung, der Literaturwissenschaft und der feministischen Theologie. Ihr besonderes Engagement gilt der Verteidigung des neuen Nicaraguas.

Leseprobe

Einmal frage ich meine Mutter, was sie sich zum Geburtstag wünsche. Sie antwortet: „Nichts anderes wünsch ich mir, außer, daß du wieder gesund wirst."
Die ‚Conterganfrau' ohne Arme, vom *Stern*-Reporter gefragt, was sie sich denn wünschen würde für ihr Leben, wenn sie alles bekommen könnte, was sie wolle, antwortet nur: „Arme sind es nicht."
Noch so ein Neuer sagt: „Wenn wir beide durch den Wald gehen, das ist schon ein Unterschied, du im Rollstuhl, ich zu Fuß. Wir erleben doch den Wald ganz anders."
Früher bin ich mit Vorliebe durch den Wald gerannt. Ich bücke mich, pflücke Blaubeeren am Hang. Ich spiele am Bach. Es ist Frühling, Urlaub in den Bergen. Die anderen sind vorangegangen, ich finde sie nicht mehr. Sie haben mich allein zurückgelassen, weil ich getrödelt habe. Ich bin traurig, aber dann merke ich, daß es schön ist um mich herum. Ich brauche euch nicht. Nur den Bach will ich, die Schneeglöckchen. Mich ganz schnell bücken und im Gras sein, das Gras riechen.
Ob ich den Wald jetzt anders erlebe? Diese Frage kann ich nicht beantworten. Manchmal möchte ich noch mit den Augen von früher schauen. Mit denen von Nichtbehinderten. Aber das geht nicht. Vielleicht ist das eine Chance. Meine Chance. Laß uns spielen „Ich sehe was, was du nicht siehst". Bereichern statt abgrenzen.

Cilly Schwerdt
Hunger auf Blüten
112 Seiten, Broschur,

„Hunger auf Blüten" ist eine sensible, wütend-engagierte, aber immer nach vorne gerichtete Auseinandersetzung einer behinderten Frau mit sich und ihrer Umwelt.

PETER HAMMER VERLAG, Föhrenstr. 33–35, 5600 Wuppertal 2

Ernesto Cardenal
Das poetische Werk

Das poetische Werk kann zur **Subskription** bezogen werden.
Bitte fordern Sie dazu unser Angebot an.